Vom Start-up zum Erfolg: Erkenntnisse aus der unternehmerischen Reise

VON

Nora Olivia

Inhaltsverzeichnis

Einführung

1) Die unternehmerische Denkweise: Eine Grundlage für den Erfolg schaffen

2) Identifizieren einer erfolgreichen Geschäftsidee

3) Durchführung von Marktforschung: Verstehen Sie Ihre Kunden und Ihre Konkurrenz

4) Erstellen eines Geschäftsplans: Planen Sie Ihren Weg zum Erfolg

5) Finanzierung finden: Strategien zur Finanzierung Ihres Start-ups

6) Rechtliche Überlegungen: Navigieren in Verträgen, Patenten und Marken

7) Aufbau eines starken Teams: Talente einstellen und verwalten

8) Schaffen Sie eine erfolgreiche Unternehmenskultur: Motivieren und binden Sie Ihre Mitarbeiter

9)   Bootstrapping Ihres Start-Ups: Maximieren Sie Ihre Ressourcen

10)   Technologie nutzen: Werkzeuge und Ressourcen für Wachstum

11)   Vermarktung Ihres Start-ups: Aufbau Ihrer Marke und Ihres Kundenstamms

12)   Vertriebsstrategien: Geschäfte abschließen und Umsatz steigern

13)   Skalieren Sie Ihr Unternehmen: Navigieren Sie zu Wachstum und Expansion

14)   Häufige unternehmerische Fallstricke vermeiden

15)   Verwalten Sie Ihre Finanzen: Budgetierung, Prognosen und Cashflow

16)   Effektives Zeitmanagement: Aufgaben priorisieren und delegieren

17)   Work-Life-Balance: Aufrechterhaltung Ihrer Gesundheit und Beziehungen

18) Zurückgeben: Soziale Verantwortung und Philanthropie von Unternehmen
19) Bereiten Sie sich auf die Zukunft vor: Erstellen Sie Ihre Ausstiegsstrategie
20) Lessons Learned: Überlegungen und Erkenntnisse erfolgreicher Unternehmer

Einführung:

Sich auf den turbulenten Weg des Unternehmertums zu begeben, ist wie ein Schritt in eine ungezähmte Natur, bewaffnet mit nichts als einem Hauch von Träumen und einem unveränderlichen Geist. Es ist eine Reise voller Fragen, eine Kotillion zwischen Triumphen und Fehlschlägen, auf der sich der Weg zum Erfolg durch unbekannte Häuser schlängelt. „Vom Start-up zum Erfolg – Aufgaben, die auf der Unternehmerreise gelernt wurden" enthüllt die zurückgezogenen Juwelen der Weisheit, die durch Feuer geschmiedet und geschmiedet wurden durch Scheitern, das den Weg zum Triumph erhellt. Begleiten Sie uns, während wir in die Hexengeschichten visionärer Siedler eintauchen, die es wagten zu träumen und ihre bescheidenen Gründungen in triumphale Erfolgsgeschichten verwandelten. Machen Sie sich bereit für eine fesselnde Odyssee strategischer Manöver, grimmiger Entschlossenheit und unschätzbarer Aufgaben, die tief in die Unternehmensgeschichte eingeprägt sind. Machen Sie sich bereit, die Wahrnehmung derjenigen zu schärfen, die die aufregende Achterbahnfahrt überstanden haben, Träume in die Realität umzusetzen. Mit jedem Läufer, der sich umdreht, entdecken Sie die Geheimnisse, Hürden und transformierenden Momente, die den Weg zu seinem außergewöhnlichen Erfolg ebneten. Ganz gleich, ob Sie ein angehender Unternehmer auf der Suche nach Erleichterung oder ein gebildeter Visionär auf der Suche nach neuen Perspektiven sind: Diese tiefgreifende Entdeckungsreise wird Sie befähigen, weiter voranzuschreiten, gestärkt mit der Weisheit derer, die diesen bewegenden Weg vor Ihnen beschritten haben. Der Weg zum Erfolg mag trügerisch sein, aber er ist mit diesen unschätzbaren Aufgaben ausgestattet; Auch Sie können durch die unbekannten Gewässer des Unternehmertums navigieren und sich auf Ihre eigene Transformationsreise begeben. Mit jedem Läufer, der sich umdreht, entdecken Sie die Geheimnisse, Hürden und transformierenden Momente, die den Weg zu seinem außergewöhnlichen Erfolg ebneten. Ganz gleich, ob Sie ein angehender Unternehmer auf der Suche nach Erleichterung oder ein gebildeter Visionär auf der Suche nach neuen Perspektiven sind: Diese tiefgreifende Entdeckungsreise wird Sie befähigen, weiter voranzuschreiten, gestärkt mit der Weisheit derer, die diesen bewegenden Weg vor Ihnen beschritten haben. Der Weg zum Erfolg mag trügerisch sein, aber er ist mit diesen unschätzbaren Aufgaben ausgestattet; Auch Sie können durch die unbekannten Gewässer des Unternehmertums navigieren und sich auf Ihre eigene Transformationsreise begeben. Mit jedem Läufer, der sich umdreht, entdecken Sie die Geheimnisse, Hürden und transformierenden Momente, die den Weg zu seinem außergewöhnlichen Erfolg ebneten. Ganz gleich, ob Sie ein angehender

Unternehmer auf der Suche nach Erleichterung oder ein gebildeter Visionär auf der Suche nach neuen Perspektiven sind: Diese tiefgreifende Entdeckungsreise wird Sie befähigen, weiter voranzuschreiten, gestärkt mit der Weisheit derer, die diesen bewegenden Weg vor Ihnen beschritten haben. Der Weg zum Erfolg mag trügerisch sein, aber er ist mit diesen unschätzbaren Aufgaben ausgestattet; Auch Sie können durch die unbekannten Gewässer des Unternehmertums navigieren und sich auf Ihre eigene Transformationsreise begeben. Diese tiefgreifende Entdeckungsreise wird Sie befähigen, weiter voranzuschreiten, gestärkt mit der Weisheit derer, die diesen bewegenden Weg vor Ihnen beschritten haben. Der Weg zum Erfolg mag trügerisch sein, aber er ist mit diesen unschätzbaren Aufgaben ausgestattet; Auch Sie können durch die unbekannten Gewässer des Unternehmertums navigieren und sich auf Ihre eigene Transformationsreise begeben. Diese tiefgreifende

Entdeckungsreise wird Sie befähigen, weiter voranzuschreiten, gestärkt mit der Weisheit derer, die diesen bewegenden Weg vor Ihnen beschritten haben. Der Weg zum Erfolg mag trügerisch sein, aber er ist mit diesen unschätzbaren Aufgaben ausgestattet; Auch Sie können durch die unbekannten Gewässer des Unternehmertums navigieren und sich auf Ihre eigene Transformationsreise begeben.

Kapitel 1

Die unternehmerische Denkweise: Eine Grundlage für den Erfolg schaffen

Der unternehmerische Weg ist heikel, aber für diejenigen, die bereit sind, die Chance zu ergreifen und harte Arbeit zu leisten, kann er äußerst befriedigend sein. Die richtige Intelligenz ist für den unternehmerischen Erfolg genauso wichtig wie eine großartige Idee. In diesem Aufsatz wird der Wert von Unternehmergeist erörtert und Möglichkeiten aufgezeigt, wie man den Grundstein für den Erfolg legt.

Was genau ist eine unternehmerische Denkweise?
Unternehmerische Intelligenz ist ein System des Zulassens, das Kreativität, Erfindungsreichtum und die Vermeidung von Fallstricken in den Vordergrund stellt. Es ist die Fähigkeit, Möglichkeiten zu erkennen und sie in fruchtbare

Glücksspiele umzuwandeln. Unternehmertum ist eine Denkweise, die im Laufe der Zeit erworben und verbessert werden kann; Es handelt sich nicht um eine Ware, die für alle Unternehmer unverzichtbar ist.

Die unternehmerische Intelligenz weist die folgenden herausragenden Werte auf Unternehmer sind in der Lage, ihre Ideen anderen zu vermitteln und haben eine klare Vorstellung davon, worüber sie verhandeln wollen.

Kreativität Unternehmer können Probleme kreativ und über den Tellerrand hinaus angehen.

Anpassungsfähigkeit Ein Unternehmen zu gründen ist keine leichte Aufgabe; Daher müssen Unternehmer in der Lage sein, auch dann weiterzumachen, wenn die Auswirkungen hart werden.

Unternehmer sind bereit, bekannte Fallstricke in Kauf zu nehmen, um ihre Ansprüche zu verwirklichen.

Einfallsreichtum Unternehmer können das Beste aus ihren Mitteln machen und kreative Lösungen für Probleme finden.

Unternehmer sind anpassungsfähig und können ihre Pläne je nach Situation anpassen.

Warum ist eine unternehmerische Denkweise wichtig?

Aus verschiedenen Gründen ist eine unternehmerische Denkweise unerlässlich. Unternehmer könnten es nutzen, um zunächst offene Stellen zu identifizieren, die andere möglicherweise übersehen. Indem sie kreativ und einfallsreich sind, können Unternehmer einzigartige Geschäftsideen hervorbringen, die das Potenzial haben, weitgehend erfolgreich zu sein.

Darüber hinaus ermutigt die Einrichtung einer Unternehmerstation Unternehmer, trotz Schwierigkeiten durchzuhalten. Bei der Gründung eines Unternehmens wird es Hindernisse und Misserfolge geben. Unternehmer mit starkem Willen sind in der Lage, sich von diesen Fehlern zu erholen und ihre Fortschritte fortzusetzen.

Letztendlich ist die Fähigkeit, überlegte Fallstricke zu meistern, ein Vorteil einer unternehmerischen Station. Die Bedrohung ist bei der Gründung eines Unternehmens immer vorhanden, aber wer Bedrohungen abschätzen und kontrollieren kann, hat bessere Erfolgschancen.

Wie man eine unternehmerische Denkweise entwickelt

Nachdem wir die Bedeutung unternehmerischer Intelligenz festgestellt haben, schauen wir uns einige Stile für deren Kultivierung an.

Entwickeln Sie eine klare Vision. Die Erstellung einer klaren Vision Ihrer Ansprüche ist der erste Schritt bei der Entwicklung einer unternehmerischen Station. Diese Vision muss klar, quantifizierbar und umsetzbar sein. Sie sollten Ihre schriftliche Vision dort platzieren, wo Sie sie jeden Tag sehen können.

Seien Sie lernbereit Erfolgreiche Geschäftsleute lernen und entwickeln sich ständig weiter. Sie suchen mühsam nach Möglichkeiten, von anderen zu lernen, und geben ihre Unwissenheit nicht hysterisch zu. Setzen Sie sich für lebenslange Alphabetisierung ein und suchen Sie nach Ausbildern und anderen erfolgreichen Geschäftsleuten, die Ihnen Rat und Unterstützung bieten können.

Akzeptieren Sie Misserfolge Der unternehmerische Weg bringt zwangsläufig Misserfolge mit sich. Unternehmer mit einer positiven Einstellung betrachten Misserfolge als

Chance, zu lernen und voranzukommen, anstatt sich davon entmutigen zu lassen. Wenn Sie scheitern, halten Sie inne und überlegen Sie, was schief gelaufen ist und was Sie in der nächsten Zeit noch tun können.

Gehen Sie vernünftige Fallstricke ein. Erfolgreiche Geschäftsleute gehen keine leichtfertigen Risiken ein. Bevor sie handeln, schätzen sie die möglichen Preise und impliziten Gefahren einer Entscheidung ein. Fragen Sie sich, welche potenziellen Vor- und Nachteile eine Bedrohung mit sich bringt, bevor Sie sie ergreifen. Es könnte sich lohnen, das Risiko einzugehen, wenn die möglichen Preise die Fallstricke überwiegen.

Behalten Sie eine positive Einstellung bei. Die Entwicklung unternehmerischer Intelligenz erfordert eine positive Einstellung.

Kompass, Netzwerk und Einheit Erfolgreiche Geschäftsleute sind sich darüber im Klaren, wie wichtig es ist, Verbindungen zu anderen aufzubauen. Sie suchen nach Möglichkeiten, mit anderen Geschäftsinhabern, Finanziers und Ausbildern in Kontakt zu treten und mit ihnen zusammenzuarbeiten. Nehmen Sie an Konferenzen und Networking-Veranstaltungen sowie an Online-Gruppen teil, in denen Sie andere treffen können, die Ihre Interessen teilen.

Behalten Sie Ihre Aufmerksamkeit. Disziplin und Aufmerksamkeit sind notwendig, um ein erfolgreiches Unternehmen zu führen. Konzentrieren Sie sich auf Ihre Objekte und halten Sie Ablenkungen fern. Stellen Sie sicher, dass Sie sich dafür verantwortlich machen, dass Sie Ihre Tages-, Tages- und Jahresziele erreichen, indem Sie diese festlegen.

Seien Sie einfallsreich. Erfolgreiche Unternehmer sind in der Lage, ihre verfügbaren Mittel zu maximieren. Dies erfordert Erfindungsreichtum und Lösungen für Probleme mit knappen Kassen. Suchen Sie nach kostengünstigen Lösungen für Probleme und scheuen Sie sich nicht, um Unterstützung zu bitten, wenn Sie damit zu kämpfen haben.

Veränderungen akzeptieren Der unternehmerische Weg ist voller Unterschiede und wohlhabende Geschäftsleute sind in der Lage, sich an veränderte Bedingungen zu gewöhnen. Seien Sie flexibel und bereit, Ihr

Unternehmen bei Bedarf neu auszurichten.

Schließlich ist es wichtig, Ihre Leistungen zu feiern und zu würdigen. Der Aufbau eines großartigen Unternehmens ist eine Reise, daher ist es wichtig, sich die Zeit zu nehmen, Ihre Erfolge zu feiern und sich über Ihren Fortschritt zu freuen.

Zusammenfassend lässt sich sagen, dass die Entwicklung eines effektiven Unternehmens eine unternehmerische Qualifikation erfordert. Unternehmer können eine solide Grundlage für den Erfolg legen, indem sie eine klare Vision haben, offen für Bildung sind, Misserfolge akzeptieren, maßvolle Chancen ergreifen, vielversprechend bleiben, sich vernetzen und zusammenarbeiten, konzentriert bleiben, einfallsreich sind, Veränderungen annehmen und Erfolg haben. Bedenken Sie, dass eine unternehmerische Stellung ein Geschenk ist, das man sich mit der Zeit aneignen kann; Es ist keine Ware, mit der man geboren wird. Mit Engagement, Mühe und einer soliden Karriere kann jeder als Unternehmer erfolgreich sein.

Kapitel 2

Identifizieren einer erfolgreichen Geschäftsidee

Die Konzeption eines erfolgreichen Unternehmens zu verändern, ist einer der wichtigsten Aspekte bei der Gründung eines Unternehmens. Aber es könnte zermürbend sein, bei der Fülle an Druthers zu wissen, wo man anfangen soll
und Probleme. Wir werden in diesem Beitrag einige Ideen und Taktiken betrachten, um eine Unternehmenskonzeption zu erstellen, die das Potenzial hat, erfolgreich zu sein.
Beginnen Sie mit Ihren Interessen und Herzensangelegenheiten. Wenn Sie mit Ihren Interessen und Herzensangelegenheiten beginnen, ist dies eine der besten Möglichkeiten, die Konzeption eines erfolgreichen Unternehmens zu finden. Überlegen Sie, wie Sie aus Ihren Freizeitaktivitäten ein erfolgreiches Unternehmen machen können. Wenn Sie beispielsweise eine Vorliebe für die Küche haben, können Sie einen Imbisswagen oder ein Lebensmittelunternehmen gründen.
Lösen Sie ein Problem. Erfolgreiche Unternehmen beginnen immer mit einer Herausforderung, die es zu meistern gilt.

Denken Sie über die Schwierigkeiten und Enttäuschungen nach, die Sie in Ihrem eigenen Leben erleben, und überlegen Sie, wie Sie eine Ware oder Dienstleistung entwickeln können, die diese Probleme angeht. Sie können beispielsweise ein Reinigungsunternehmen gründen, wenn Sie Schwierigkeiten haben, Ihr Zuhause sauber zu halten.

Das Anfordern einer Erkundung ist von entscheidender Bedeutung, nachdem Sie ein Konzept im Kopf haben, um festzustellen, ob ein Bedarf für Ihr Produkt oder Ihre Dienstleistung besteht. Schauen Sie sich Unternehmen in Ihrem Bereich an, die Ihrem Unternehmen ähnlich sind, und notieren Sie, was sie richtig machen und welche impliziten Lücken Sie möglicherweise beheben.
Bestimmen Sie Ihre Zielanforderung. Die Kenntnis Ihrer Zielanforderung ist für die Entwicklung eines erfolgreichen Unternehmenskonzepts von entscheidender Bedeutung. Stellen Sie sich vor, wer Ihr idealer Kunde ist, welche Bedingungen und Wünsche er hat und wie Ihr Produkt oder Ihre Dienstleistung diese Anforderungen erfüllen kann.
Untersuchen Sie die Konkurrenz. Bei der Auswahl eines erfolgreichen Unternehmensplans ist es von entscheidender Bedeutung, die Konkurrenz zu berücksichtigen. Untersuchen Sie, was Ihre

Konkurrenten gut machen und in welchen Bereichen Sie sich möglicherweise Stück für Stück von der Konkurrenz abheben können. Angenommen, Sie können eine Ware verschenken, die anders oder besser ist als die zuvor gereichte Ware.

Berücksichtigen Sie bei der Auswahl eines erfolgreichen Unternehmenskonzepts auch die Finanzen, denn die Gründung eines Unternehmens ist mit einer finanziellen Verpflichtung verbunden. Berücksichtigen Sie die Kosten, die mit der Arbeit und dem Unterhalt Ihres Unternehmens verbunden sind, sowie die Menge an Plutokraten, die Sie voraussichtlich einbringen werden.

Testen Sie Ihr Konzept. Es ist von entscheidender Bedeutung, das Konzept Ihres Unternehmens zu testen, bevor Sie viel Zeit und Ressourcen darauf verwenden. Um festzustellen, ob eine Nachfrage nach Ihrem Produkt oder Ihrer Dienstleistung besteht, gehen Sie davon aus, dass Sie mit einem kleinen Betrieb beginnen. Dies kann die Entwicklung eines Prototyps oder die Bereitstellung Ihrer Dienste für enge Musketiere und Verwandte umfassen.

Das Einholen von Meinungen ist für die Weiterentwicklung und Weiterentwicklung Ihres Unternehmenskonzepts unerlässlich. Bitten Sie potenzielle Verbraucher, Branchenexperten und andere Geschäftsinhaber um Input. Erwägen Sie die Anmeldung zu einem Unternehmens-

Accelerator- oder Inkubator-Programm, bei dem Sie Ratschläge und Anleitungen von erfahrenen Dozenten erhalten.

Letztendlich ist es von entscheidender Bedeutung, bei der Wahl des erfolgreichen Unternehmenskonzepts Inflexibilität zu bewahren. Seien Sie bereit, bei Bedarf den Kurs zu ändern, wenn sich die Anfrage und die Bedürfnisse Ihrer Gäste weiterentwickeln. Bleiben Sie flexibel und bereit, sich bei Bedarf zu ändern.

Zusammenfassend lässt sich sagen, dass die Auswahl eines erfolgreichen Unternehmenskonzepts umfangreiche Studien und Nachforschungen erfordert. Sie können eine Geschäftsidee entwickeln, die Erfolgspotenzial hat, indem Sie mit Ihrem Herzen und Ihren Interessen beginnen, an einem Problem arbeiten, die Anfrage prüfen, sich auf Ihren Zielkunden beziehen, die Konkurrenz einschätzen, die Finanzen berücksichtigen, Ihre Idee testen, Feedback einholen und anpassungsfähig bleiben. Bedenken Sie, dass die Gründung eines Unternehmens eine Reise ist und das Erreichen einer profitablen Geschäftsidee nur der erste Schritt ist. Mit Ausdauer, Engagement und etwas Glück können Sie Ihre Idee in ein erfolgreiches Unternehmen verwandeln.

Nutzen Sie eine Geek-Analyse, um die Vor- und Nachteile, Chancen und Fallstricke abzuschätzen, die mit den von Ihrem Unternehmen angebotenen Dienstleistungen verbunden sind. Berücksichtigen Sie sowohl die internen Variablen, die Sie steuern können, wie z. B. Ihre Kapazitäten und Kassen, als auch die externen Variablen, die einen Einfluss auf Ihr Unternehmen haben könnten, einschließlich Nachfragetrends und Wettbewerb.

Wenn es um Skalierbarkeit geht, ist es von entscheidender Bedeutung, die Skalierbarkeit bei der Auswahl eines erfolgreichen Unternehmenskonzepts zu berücksichtigen. Angenommen, die Konzeption Ihres Unternehmens lässt sich astronomischer durchsetzen und ob es langfristig erfolgreich sein kann.

Berücksichtigen Sie Ihr Alleinstellungsmerkmal (USP). Ihr Unternehmen hebt sich durch Ihren USP von der Konkurrenz ab. Überlegen Sie, welches Alleinstellungsmerkmal Ihre Produkte oder Dienstleistungen sind und wie Sie es Ihrer Zielgruppe erklären können.

Es ist von entscheidender Bedeutung, Ihre Stärken und Schwächen zu berücksichtigen, da die Gründung eines Unternehmens viel Aufwand und Engagement erfordert. Berücksichtigen Sie Ihre Fähigkeiten und Erfahrungen sowie alle Bereiche, in denen Sie sich möglicherweise mit externer Unterstützung weiterentwickeln oder immatrikulieren müssen.

Suchen Sie nach Branchentrends. Um die Konzeption eines erfolgreichen Unternehmens zu verbessern, müssen Sie über Branchentrends auf dem Laufenden sein. Halten Sie Ausschau nach neuen Trends in Ihrer Branche und überlegen Sie, wie die Konzeption Ihres Unternehmens davon profitieren kann.

Nehmen wir an, bei der Gründung eines Unternehmens ist das Timing von entscheidender Bedeutung. Überlegen Sie, ob die Anfrage für Ihr Unternehmenskonzept geeignet ist und ob sie aktuell und anwendbar ist. Wenn Sie beispielsweise darüber nachdenken, ein Unternehmen im Technologiesektor zu gründen, fragen Sie, ob die Struktur und Technologie bereits vorhanden sind, um Ihre Geschäftsidee zu unterstützen.

Berücksichtigen Sie die gesetzlichen und nichtaufsichtsrechtlichen Rahmenbedingungen. Für die Gründung einer Niederlassung ist die Einhaltung gesetzlicher und nichtaufsichtsrechtlicher Vorschriften erforderlich. Wenn Sie abschätzen, wie schlecht Sie sich ihnen gegenüber verhalten werden, stellen Sie sicher, dass Sie sich über die gesetzlichen und nichtaufsichtsrechtlichen Normen im Klaren sind, die für Ihr Unternehmen und Ihre Branche gelten.

Stellen Sie einen soliden Zug zusammen. Ein erfolgreiches Unternehmen braucht solide Mitarbeiter. Stellen Sie sich vor, welche Leute Sie in Ihrem Zug benötigen und wie Sie die stilvollen Mitarbeiter behalten und halten können, während Sie an der Verwirklichung der Konzeption Ihres Unternehmens arbeiten.

Angenommen, die Position Ihres Unternehmens kann stark von seiner Position beeinflusst werden. Machen Sie sich Gedanken über die praktischen Aspekte einer Tätigkeit an diesem Ort und darüber, ob Ihre Unternehmensidee für diese Position am besten geeignet ist.

Erstellen Sie eine Marketingstrategie. Um Verbraucher zu gewinnen und zu halten, ist Marketing unerlässlich. Erstellen Sie eine Marketingstrategie, die erklärt, wie Sie mit Ihrer Zielgruppe in Kontakt treten, Ihren USP teilen und die Markenbekanntheit steigern.

Seien Sie enthusiastisch und geduldig. Um die Konzeption eines erfolgreichen Unternehmens zu verändern, müssen Sie leidenschaftlich und geduldig sein. Stellen Sie sicher, dass Sie von Ihrer Idee uneingeschränkt begeistert sind und bereit sind, Zeit und Mühe zu investieren, um sie zum Erfolg zu führen, bevor Sie ein Unternehmen gründen.

Zusammenfassend lässt sich sagen, dass eine erfolgreiche Unternehmenskonzeption eine Kombination aus Recherche, Bewertung und Erfindung erfordert. Sie können ein Unternehmenskonzept erstellen, das die Fähigkeit besitzt, erfolgreich zu sein, indem Sie Ihr Herz und Ihre Interessen berücksichtigen, ein Problem ansprechen, die Anfrage studieren, die Konkurrenz bewerten, die Finanzen berücksichtigen, Ihre Idee testen, Feedback geben und sein anpassungsfähig.

Vergessen Sie nicht, neue Grundlagen zu berücksichtigen, einschließlich Skalierbarkeit, Anforderungstrends, rechtliche und nicht aufsichtsrechtliche Anforderungen, Position und Platoon-Konformation. Sie können die Idee Ihres Unternehmens in ein profitables Geschäft umsetzen, wenn Sie über ein solides Fundament und einen starken Sinn für das Ziel verfügen.

Kapitel 3

Durchführung von Marktforschung: Verstehen Sie Ihre Kunden und Ihre Konkurrenz

Bei der Gründung eines Unternehmens ist die Anfrageerforschung von entscheidender Bedeutung, um Ihre Zielgruppe und Ihre Konkurrenz zu verstehen. Wenn Sie eine Erkundung anfordern, erhalten Sie möglicherweise lehrreiche Daten, die Ihnen helfen können, sich eine Meinung über Ihr Unternehmen zu bilden, z. B. in Bezug auf offene Stellen, die Entwicklung effektiver Marketingstrategien und die Aufrechterhaltung der Wettbewerbsfähigkeit Ihrer Bemühungen.
In diesem Aufsatz gehen wir auf die Bedeutung der Anfrageerkundung und die Art und Weise ein, wie Sie Ihre Konkurrenten und Zielgruppenanfragen verstehen.

Warum ist Marktforschung wichtig?
Die Anfrageerkundung liefert nützliche Informationen zu den Anforderungen und Gewohnheiten Ihrer Zielanfrage. Es könnte Ihnen helfen, effektive Marketingstrategien zu entwickeln, Ihre Position als Branchenführer zu behaupten und nach Möglichkeiten zur Verbesserung Ihrer Produkte oder Dienstleistungen zu suchen.

Ebenso kann Ihnen die Untersuchung von Anfragen dabei helfen, implizite Fallstricke und Herausforderungen zu erkennen, wie z. B. sich ändernde Kundenpräferenzen oder Beharrlichkeitstrends, und visionäre Pläne zu entwickeln, um diese zu bewältigen.

Darüber hinaus kann Ihnen die Untersuchung von Anfragen bei der Entscheidungsfindung für Ihr Unternehmen in Fragen wie Preis, Produktmerkmalen und Marketingkanälen helfen, die auf Daten und der Wahrnehmung beruhen und nicht auf Unternehmens- oder Hypothesen basieren.

Möglichkeiten zur Durchführung von Marktforschung

Bestimmen Sie Ihre Erkundungsziele, bevor Sie eine gewünschte Erkundung durchführen. Es ist wichtig, Ihre Studienobjekte zu definieren. Wählen Sie die Informationen aus, die Sie sammeln möchten, z. B. demografische Daten, Kundenpräferenzen und Kundengewohnheiten oder die Auswüchse und Stärken von Konkurrenten.

Wählen Sie Ihre Zielanfrage. Wählen Sie die Gruppe von Gästen aus, die Ihre Produkte oder Dienstleistungen am wahrscheinlichsten kaufen werden. Dies könnte Ihnen helfen, sich auf Ihre Studienfragen zu konzentrieren und anwendbare Daten zu erhalten.

Wählen Sie Ihre Erkundungsmethoden aus. Sie können eine Reihe von Erkundungsstilen verwenden, z. B. Tests, Fokusgruppen und sekundäre Erkundungen, um mehr über Ihre Zielgruppe und Ihre Konkurrenten herauszufinden. Wählen Sie die Strategie(n), die stilvoll zu Ihren Lernzielen und gängigen Einschränkungen passt.

Erstellen Sie eine Umfrage oder einen Fragebogen. Um die benötigten Daten zu erhalten, erstellen Sie eine Reihe von

Fragen, die Sie in Überprüfungen oder Fragebögen verwenden. Erwägen Sie eine Untersuchung der Demografie, Vorlieben, Aktionen und Zufriedenheitssituationen Ihrer Gäste.

Wenn Sie mit der Erstellung Ihres Schecks oder Fragebogens fertig sind, ist es an der Zeit, mit der Studie zu beginnen. Zu diesem Zweck können Sie Gäste über soziale Medien oder Dispatch kontaktieren, Fokusgruppen veranstalten oder Daten aus sekundären Quellen sammeln.

Analysieren Sie die Daten Nachdem Sie Ihre Informationen erfasst haben, überprüfen Sie diese, um Muster, Trends und neue Informationen zu finden. Suchen Sie nach sich wiederholenden Themen oder Mustern, die sich auf die Meinungen Ihres Unternehmens auswirken könnten.

Ziehen Sie Schlussfolgerungen und ergreifen Sie Maßnahmen. Nutzen Sie die Informationen, die Sie aus Ihrer Anfrage zur Erkundung gewonnen haben, um Schlussfolgerungen zu ziehen und Maßnahmen im Namen Ihres Unternehmens zu ergreifen. Überlegen Sie, wie Sie Ihre Produkte oder Dienstleistungen verbessern, Ihre

Marketingstrategien verbessern oder Ihre Position als Affinitätsführer behaupten können.

Verstehen Sie Ihren Kunden

Bei der Durchführung der Anfrageerkundung ist es wichtig, die Zielgruppe Ihrer Follower zu verstehen. Dazu gehören demografische Daten, Vorlieben, Aktionen und Ansichten zu Ihren Produkten oder Dienstleistungen.

Demografische Daten Wenn Sie die Merkmale Ihrer Zielanfrage verstehen, können Sie möglicherweise Produkte und Dienstleistungen entwickeln, die deren Anforderungen und Vorlieben erfüllen. Berücksichtigen Sie Faktoren wie Alter, Geschlecht, Einkommen, Bildungsstand und Gelände.

Möglicherweise können Sie Produkte oder Dienstleistungen entwickeln, die speziell an die Anforderungen der Kunden angepasst sind, indem Sie deren Präferenzen verstehen. Berücksichtigen Sie Faktoren wie Produkteigenschaften, Preis und Verpackung.

Das Verständnis der Kundengewinnung kann Ihnen dabei helfen, Möglichkeiten zur Verbesserung Ihrer Produkte oder Dienstleistungen zu erkennen oder effektive Marketingstrategien zu entwickeln. Berücksichtigen Sie allgemeine Aspekte wie Kauftrends, Entscheidungsprozesse und Markentreue.

Möglicherweise können Sie Bereiche identifizieren, in denen Sie Ihre Produkte oder Dienstleistungen verbessern oder verbessern können, indem Sie verstehen, wie Gäste darüber denken. Berücksichtigen Sie Faktoren wie Kundenfeedback, Bewertungen und Bemerkungen zur Zufriedenheit.

Verstehen Sie Ihre Konkurrenz
Genauso wichtig wie das Wissen, dass Ihre Zielgruppe Ihre Konkurrenz kennt. Dies umfasst Effekte wie ihren Anfrageanteil, Marketingstrategien sowie Stärken und Schwächen.
Stärken und Schwächen Der Vergleich der Vor- und Nachteile Ihrer Konkurrenten kann Ihnen dabei helfen, innovative Ideen zu entwickeln, mit denen Sie sich von der Konkurrenz abheben oder Ihre Produkte und Dienstleistungen verbessern können.
Anteil der Anfrage Wenn Sie den Teil der Anfrage verstehen, den Ihre Konkurrenten jetzt haben, können Sie Ihre Wettbewerbsfähigkeit besser

einschätzen. Sie können mehr über den Anfrageanteil Ihrer Konkurrenten erfahren, indem Sie Sekundärquellen wie Affinitätsstudien oder Anfragenexplorationsunternehmen nutzen.

Möglicherweise identifizieren Sie Bereiche mit Verbesserungspotenzial oder Möglichkeiten, sich in Ihren Marketing-Schwierigkeiten abzuheben, weil Sie sich Sorgen darüber machen, wie Ihre Konkurrenten Werbung machen. Erwägen Sie Konditionierung, die auf die Interaktion mit Verbrauchern, Preisstrategien und Werbemedien abzielt. Neben diesen Faktoren ist es wichtig, die allgemeinere Anfragedynamik und -trends zu berücksichtigen, da diese Auswirkungen auf Ihren Verband haben können. Die Anfrage war möglicherweise wettbewerbsintensiver, die Vorlieben der Verbraucher haben sich geändert oder die Technologie hat sich weiterentwickelt.

Vorteile der Anfrageexploration
Die folgenden Vorteile der Durchführung der Anfrageerkundung für Ihr Unternehmen können erwähnt werden: Die Möglichkeiten der Anfrageerkundung

können Ihnen dabei helfen, Möglichkeiten zu nutzen, um neue Anfragen zu stellen, den Verkauf von Waren oder Dienstleistungen zu verbessern oder den Verkauf von Knochen zu verbessern. Erstellen effektiver Marketingpläne, indem Sie die Bedingungen und Vorlieben Ihres Unternehmens untersuchen Zielgruppe können Sie wirksame Marketingstrategien entwickeln.

Wettbewerbsfähigkeit erhalten: Request Exploration kann Ihnen dabei helfen, einen Wettbewerbsvorteil in Ihrem Unternehmen zu bewahren, indem es sich ändernde Anforderungstrends, die Vor- und Nachteile von Konkurrenten sowie neue Fallstricke in Beziehung setzt.

Wenn Sie fundierte Meinungen in eine Anfrage zur Erkundung stellen, können Sie möglicherweise über die Preise, Produktmerkmale und Marketingtaktiken Ihres Unternehmens entscheiden, ohne sich auf Hypothesen oder fundierte Annahmen verlassen zu müssen.
Abschluss
Ein erfolgreiches Unternehmen beginnt mit einer Anfrage zur Erkundung und wächst von dort aus. Es liefert

umfassende Daten zu den Vorlieben, Gewohnheiten, Wettbewerbsvorteilen und Nachteilen Ihrer Zielanfrage. Durch die Erkundung von Anfragen können Sie Möglichkeiten entdecken, Ihre Produkte oder Dienstleistungen zu verbessern, effektive Marketingstrategien zu entwickeln und sich einen Wettbewerbsvorteil in Ihrem Unternehmen zu sichern. Außerdem könnte es Ihnen dabei helfen, sich eine Meinung über Ihr Unternehmen zu bilden, die auf Daten und der Wahrnehmung beruht und nicht auf Hypothesen oder fundierten Vermutungen.

Kapitel 4

Erstellen eines Geschäftsplans: Planen Sie Ihren Weg zum Erfolg

Für jeden Unternehmer, der ein neues Unternehmen gründen oder ein bestehendes ausbauen möchte, ist ein Geschäftsplan ein unverzichtbares Instrument. Es dient als Fahrplan für die Zukunft Ihres Unternehmens, definiert Ihre Ziele und schlägt Ansätze für den Erfolg vor. In diesem Aufsatz werden die wesentlichen Faktoren eines guten Geschäftsplans besprochen und Tipps für die Erstellung eines solchen Plans gegeben.

Warum ein Businessplan wichtig ist
Eine Geschäftsstrategie ist aus mehreren Gründen notwendig, z.B
Definieren der Konzeption Ihres Unternehmens Ihre Geschäftskonzeption, einschließlich Ihrer Produkte oder Dienstleistungen, Ihres Zielmarktes und Ihres Wettbewerbsvorteils, kann mithilfe

eines Geschäftsplans genauer definiert werden.

Festlegung von Ansprüchen und Zielen

Ein Geschäftsplan hilft bei der Schaffung erreichbarer, quantifizierbarer Ziele und Vorgaben für Ihr Unternehmen, die als Erfolgsindikatoren dienen können.

Mögliche Probleme in Beziehung setzen

Ein Geschäftsplan ermöglicht es Ihnen, implizite Probleme und Gefahren, die in Ihrem Unternehmen auftreten könnten, zu identifizieren und Strategien zur Schadensbegrenzung festzulegen.

Indem Sie ihnen eine klare Vorstellung von Ihrem Geschäftskonzept, Ihren Finanzschätzungen und den Entwicklungsmöglichkeiten vermitteln, kann Ihnen ein gut geschriebener Geschäftsplan dabei helfen, mögliche Investoren oder Kreditgeber anzuziehen.

Mit Hilfe eines Businessplans, der einen Rahmen für die Überwachung und Bewertung Ihrer Fortschritte bei der Umsetzung Ihrer Ansprüche und Ziele bietet, wird Verantwortung gefördert und Ihr Unternehmen auf Kurs gehalten.

Grundlagen, aus denen ein Geschäftsplan besteht

Die folgenden wesentlichen Faktoren sollten in einem Businessplan vorhanden sein

Eine kurze Zusammenfassung: In diesem Abschnitt sollten Ihre Geschäftsidee, Ihre Zielvorgaben, Ihr Wettbewerbsvorteil, Ihre Finanzprognosen und Ihre Wachstumschancen kompakt zusammengefasst werden.

Geschäftsbeschreibung In diesem Bereich sollten Sie Ihre Geschäftskonzeption ausführlicher erläutern, einschließlich der Einzelheiten oder Dienstleistungen, die Sie anbieten möchten, Ihrer Zielgruppe, Ihres Wettbewerbsvorteils und Ihrer Expansionsmöglichkeiten.

Anfrageanalyse In diesem Bereich sollten Sie die demografischen Merkmale Ihrer Zielanfrage sowie deren Größe, Trends und Position auf dem Markt analysieren.

Preisgestaltung, Werbung und Vertrieb sollten alle in den Marketing- und Deal-Taktik-Teil Ihres Aufsatzes einbezogen werden.

Betrieb und Organisation In diesem Bereich sollten Sie die Betriebsstruktur Ihres Unternehmens einschließlich seiner Hauptakteure und deren Aufgaben beschreiben.

Steuerprognosen Zu diesem Teil gehören eine Break-Even-Analyse, eine Zusammenfassung Ihrer Finanzierungsbedingungen und Steuerprognosen, ähnlich wie Gewinn- und Verlustrechnungen, Bilanzen und Geldflussrechnungen.

Ergänzungen Dieser Teil sollte alle neuen Details enthalten, die für Ihre Geschäftspläne von Bedeutung sind, wie z. B. wichtige Lebensläufe des Personals, Beschreibungen Ihrer Produkte oder Dienstleistungen oder Statistiken aus Ihrer Anfrage zur Erkundung.

So schreiben Sie einen Businessplan

Obwohl das Verfassen eines Geschäftsplans heikel und zeitaufwändig sein kann, ist es für den Erfolg Ihres Unternehmens von entscheidender Bedeutung. Dann sind einige Schritte erforderlich, um eine Marktforschung durchzuführen. Um Ihre Zielanfrage zu verstehen, potenzielle Konkurrenten zu erkennen und erfolgreiche Marketingpläne zu erstellen, hängt alles von der Durchführung einer Anfrageerkundung ab. Um mehr über Ihre Anfrage zu erfahren, nutzen Sie eine Reihe von Methoden, darunter

Überprüfungen, Fokusgruppen und Sekundärquellen.

Definieren Sie Ihr Geschäftskonzept, einschließlich Ihrer Produkte oder Dienstleistungen, Ihrer Zielanfrage und Ihres Wettbewerbsvorteils, basierend auf Ihrer Anfrageerkundung.

Ansprüche und Ziele festlegen Nutzen Sie Ihre Geschäftsidee und legen Sie sinnvolle, quantifizierbare Ansprüche und Ziele für Ihr Unternehmen fest. Diese müssen sowohl kurz- als auch langfristige Objekte enthalten.

„Produce Strategies and Tactics" erstellt Strategien und Taktiken, die Ihnen helfen, Ihre Ansprüche und Ziele zu erreichen. Diese müssen Finanzpläne, funktionale Strategien sowie Marketing- und Geschäftsstrategien umfassen.

Erstellen Sie Finanzprognosen, erstellen Sie Finanzprognosen, z. B. Gewinn- und Verlustrechnungen, Bilanzverluste und Geldzuflussrechnungen, anhand Ihrer Pläne und Vorgehensweisen.

Entwickeln Sie nach Abschluss der oben genannten Prozesse Ihren Geschäftsplan, indem Sie sich an den oben beschriebenen wesentlichen Faktoren festhalten.

Ihr Geschäftsplan sollte überprüft und optimiert werden.

Ihre Unternehmensstrategie ist keine einmalige Sache, die Sie aufschreiben und dann ignorieren. Es sollte regelmäßig überprüft und optimiert werden, da es sich um ein lebendiges Dokument handelt und aktuell bleiben muss. Die folgenden Ratschläge können Ihnen bei der Überprüfung und Modernisierung Ihres Geschäftsplans helfen. Entscheiden Sie, wann Sie Ihre Unternehmensstrategie bewerten und modernisieren möchten. Abhängig von den Anforderungen Ihrer Einrichtung kann dies periodisch, halbjährlich oder jährlich erfolgen.

Bewerten Sie den Fortschritt. Nutzen Sie Ihre Unternehmensstrategie als Begleiter, um zu beurteilen, wie gut Sie Ihre Ziele erreichen. Gelingt Ihnen Ihr Anspruch? Warum nicht, wenn nicht? Nutzen Sie dieses Wissen, um Ihre Strategie und Taktik nach Bedarf zu ändern.

Bleiben Sie auf dem Laufenden. Halten Sie Ihren Unternehmensplan mit den neuesten Verbraucheranforderungen, Nachfragetrends und Fleißfortschritten auf dem Laufenden. Dies hilft Ihnen, der Konkurrenz immer einen Schritt voraus zu sein und neue Entwicklungsperspektiven zu entdecken. Fordern Sie von zuverlässigen Beratern wie Dozenten, Kollegen oder Business-Trainern Input zu Ihrer Unternehmensstrategie an. Dies kann Ihnen einfühlsame Informationen liefern und Ihnen zeigen, wo Sie augenlose Stellen oder Raum für eine Verbesserung haben.

Nutzen Sie Ihren Unternehmensplan als Marketinginstrument. Besonders wenn Sie nach Kapital oder Kontakten suchen, kann Ihr Unternehmensplan ein wirksames Marketinginstrument sein. Nutzen Sie es, um potenziellen Investoren oder Geschäftspartnern die Konzeption Ihres Unternehmens, finanzielle Vorsorgemaßnahmen und Wachstumsaussichten zu demonstrieren.

Abschluss

Ein entscheidender Schritt bei der Gründung oder dem Wachstum eines Unternehmens ist die Entwicklung einer Geschäftsstrategie. Es dient als Wegweiser für die Zukunft Ihres Unternehmens und hilft bei der Erklärung der Konzeption, der Festlegung der Dinge und der Entwicklung von Plänen und Taktiken für den Erfolg.

Sie können einen umfassenden Geschäftsplan erstellen, der Ihnen dabei hilft, Ihren Weg zum Erfolg abzustecken, indem Sie eine Anforderungsanalyse durchführen, Ihr Geschäftskonzept definieren, Ansprüche und Ziele festlegen, Strategien und Taktiken formulieren und Finanzprognosen erstellen. Um Ihren Geschäftsplan aktuell und anwendbar zu halten, vergessen Sie nicht, ihn ständig zu überprüfen und zu ändern.

Kapitel 5

Finanzierung finden: Strategien zur Finanzierung Ihres Start-Ups

Die Gründung eines neuen Unternehmens kann eine Initiative und eine anstrengende Reise sein. Eine der größten Herausforderungen für Unternehmer besteht darin, die erforderliche Unterstützung für die Gründung und das Wachstum ihres Unternehmens zu finden. In diesem Aufsatz werden wir einige Strategien zur Finanzierung Ihrer Gründung untersuchen.

Persönliche Ersparnisse Eine der einfachsten Möglichkeiten, eine Gründung zu finanzieren, ist die Verwendung Ihrer persönlichen Ersparnisse. Dadurch vermeiden Sie die Aufnahme von Schulden oder den Verzicht auf Eigenkapital in Ihrem Unternehmen. Wenn Sie jedoch nicht über ausreichende Ersparnisse verfügen, sollten Sie erwägen, einen Nebenjob zu übernehmen oder Ihre Gebühren zu senken, um mehr Geld für Ihre Gründung freizumachen.

Musketiere und Familie Eine weitere Möglichkeit besteht darin, die Unterstützung der Musketiere und ihrer Familie einzuholen. Dies kann eine gute Option sein, wenn Sie über ein Netzwerk beweiskräftiger Persönlichkeiten verfügen, die bereit sind, in Ihr Unternehmen zu investieren. Dennoch ist es wichtig, dies individuell professionell anzugehen und klare Vereinbarungen zu treffen, um implizite Konflikte im weiteren Verlauf zu vermeiden.

Crowdfunding ist für Unternehmer zu einer beliebten Möglichkeit geworden, Finanzmittel für ihre Unternehmensgründungen zu beschaffen. Dazu gehört die Erstellung einer Kampagne auf einer Crowdfunding-Plattform wie Kickstarter oder Indiegogo und die Bereitstellung von Impulsen zur Individualisierung der Personen, die zu Ihrer Kampagne beitragen. Es ist wichtig, eine gut konzipierte Kampagne mit einer klaren Kommunikation und einem klaren Wertversprechen zu haben, um implizite Investoren anzuziehen.

Angel-Investoren sind fette Individualisten, die im Tausch gegen

Eigenkapital oder einen Anteil an den Unternehmensgewinnen in Start-ups investieren. Sie investieren im Allgemeinen geringere Beträge als Abenteuerplutokraten und können dem Start-up Mentoring oder Anleitung geben. Um Angel-Investoren anzuziehen, benötigen Sie eine überzeugende Geschäftsidee, einen soliden Geschäftsplan und eine starke Truppe.

Venture-Plutokraten sind professionelle Investoren, die Start-ups mit hoher Wachstumswahrscheinlichkeit unterstützen. Sie investieren im Allgemeinen größere Beträge als Angel-Investoren und halten möglicherweise eine größere Kapitalbeteiligung am Unternehmen. Um abenteuerlustige Plutokraten anzuziehen, benötigen Sie eine starke Erfolgsbilanz, ein bewährtes Geschäftsmodell und einen klaren Plan für die Ausweitung Ihres Geschäfts.

Darlehen der Small Business Administration (SBA) Die SBA vergibt Darlehen an kleine Unternehmen, um ihnen bei der Gründung und dem Ausbau ihres Unternehmens zu helfen. Diese Kredite haben im Allgemeinen niedrigere Zinssätze und günstigere Konditionen als herkömmliche Kredite, was sie zu einer verlockenden Option für Unternehmer macht. Um sich für ein SBA-Darlehen zu qualifizieren, benötigen Sie einen soliden Geschäftsplan, eine solide Kreditwürdigkeit und Sicherheiten zur Absicherung des Darlehens.

Subventionen Unternehmern stehen verschiedene Subventionen von Regierungsbehörden, gemeinnützigen Organisationen und privaten Vereinen zur Verfügung. Diese Subventionen können Ihnen Rückendeckung geben, ohne dass Sie auf Eigenkapital in Ihrem Unternehmen verzichten müssen. Dennoch kann der Operationsprozess wettbewerbsintensiv und zeitaufwändig sein.

Abschluss

Die Unterstützung Ihres Start-ups kann eine anstrengende Aufgabe sein, aber Unternehmern stehen zahlreiche Optionen zur Verfügung. Durch die Ausübung bestimmter Ersparnisse, die Suche nach Unterstützung von Musketieren und Familienangehörigen, Crowdfunding, die Gewinnung von Angel-Investoren oder Abenteuer-Plutokraten, die Beantragung von SBA-Darlehen oder Subventionen können Unternehmer ihre

Unternehmensgründungen finanzieren und ihre Geschäftsideen zum Leben erwecken.

Es ist wichtig, die richtige Unterstützungsstrategie für Ihr Unternehmen zu wählen und über einen gut ausgearbeiteten Geschäftsplan, eine starke Truppe und eine solide Erfolgsbilanz zu verfügen, um Investoren oder Kreditgeber anzuziehen.

Wenn Sie eine Unterstützung für Ihr Startup in Anspruch nehmen möchten, ist es wichtig, die Vor- und Nachteile der einzelnen Unterstützungsoptionen zu verstehen. Bestimmte Ersparnisse und die Unterstützung von Musketieren und der Familie sind möglicherweise relativ einfach zu erhalten, aber das bedeutet auch, dass Sie möglicherweise nur über begrenzte finanzielle Mittel verfügen, mit denen Sie arbeiten können. Crowdfunding kann eine gute Möglichkeit sein, schnell Geld zu beschaffen, aber es kann auch weitgehend wettbewerbsintensiv sein und erfordert viel Mühe, um eine erfolgreiche Kampagne auf die Beine zu stellen.

Angel-Investoren und abenteuerlustige Plutokraten können erhebliche Unterstützung leisten, erwarten aber auch eine hohe Rendite ihrer Investition und halten möglicherweise eine große Kapitalbeteiligung an Ihrem Unternehmen. Es ist wichtig, genau zu überlegen, ob dies der richtige Weg für Ihr Unternehmen ist und bereit zu sein, einen Teil der Kontrolle über Ihr Unternehmen abzugeben.

SBA-Darlehen können für kleine Unternehmen eine verlockende Option sein, sie beinhalten jedoch auch einen soliden Geschäftsplan, eine solide Bonitätshistorie und Sicherheiten zur Absicherung des Darlehens. Die Beantragung von Zuschüssen kann eine gute Möglichkeit sein, Unterstützung zu erhalten, ohne auf Eigenkapital zu verzichten, es kann aber auch ein weitgehend kompetitives Verfahren mit viel Papierkram und Bürokratie sein.
Neben dem Verständnis der Vor- und Nachteile der einzelnen Unterstützungsoptionen ist es auch wichtig, die Auswirkungen der Unterstützung auf Ihr Unternehmen zu berücksichtigen. Beispielsweise kann die Aufnahme von Schulden Ihr Unternehmen unter Druck setzen, schnell Gewinne zu erwirtschaften, während der Verzicht auf

Eigenkapital dazu führen kann, dass Sie die Kontrolle über wichtige Geschäftsmeinungen aufgeben.

Bei der Erstellung eines Geschäftsplans ist es wichtig, ein klares Verständnis Ihrer Unterstützungsbedürfnisse zu haben und eine Unterstützungsstrategie zu entwickeln, die mit Ihren Geschäftsambitionen übereinstimmt.

Dabei kann es sich um eine Kombination von Finanzierungsquellen handeln, beispielsweise um bestimmte Ersparnisse, Angel-Investitionen und Subventionen.

Es ist auch wichtig, Ihren Unterstützungsbedarf realistisch einzuschätzen und einen Notfallplan für den Fall zu haben, dass die Auswirkungen nicht wie geplant eintreten. Dies kann die Verknüpfung anderer impliziter Finanzierungsquellen wie Kreditkarten oder Sonderkredite oder die Entwicklung von Strategien zur Kostensenkung und Steigerung der Rentabilität beinhalten.

Zusammenfassend lässt sich sagen, dass die Chance auf Unterstützung für Ihr Start-up ein wichtiger Schritt bei der Verwirklichung Ihrer Geschäftsidee ist. Indem Sie die Vor- und Nachteile jeder Unterstützungsoption verstehen, einen soliden Geschäftsplan entwickeln und ein klares Verständnis Ihrer Unterstützungsbedürfnisse und -ansprüche haben, können Sie eine Unterstützungsstrategie entwickeln, die zu Ihrem Unternehmen passt und Sie auf Erfolgskurs bringt.

Kapitel 6

Rechtliche Überlegungen: Navigieren in Verträgen, Patenten und Marken

Es ist von entscheidender Bedeutung, rechtliche Aspekte zu berücksichtigen, wenn Sie ein Unternehmen gründen oder sich an einer marktfähigen Unternehmung jeglicher Art beteiligen, um sicherzustellen, dass das Unternehmen allen geltenden Gesetzen entspricht. Verträge, Patente und Marken sind die drei Rechtsdisziplinen, deren Verständnis am wichtigsten ist. All dies sind entscheidende Instrumente zur Bewältigung von Fallstricken, zur Schaffung von Perspektiven sowie zur Sicherung geistigen Eigentums und anderer Mittel.

Verträge
Eine ziemlich verbindliche Vereinbarung, die die Bedingungen eines Verkaufs oder einer Geschäftsbeziehung festlegt, wird als Vertrag bezeichnet. Verträge können

mündlich oder schriftlich abgeschlossen werden, schriftliche Vereinbarungen werden jedoch im Allgemeinen bevorzugt, da sie eine genaue Aufzeichnung der vereinbarten Bedingungen bieten. Handelsverträge, Arbeitsverträge, Leasingverträge und Dienstleistungsverträge sind nur einige Beispiele für typische Vertragsformen.

Sicherzustellen, dass beide Parteien die Vertragsbedingungen verstehen, ist einer der wichtigsten Faktoren, die es zu berücksichtigen gilt. Dies bedeutet, dass jegliche Fachsprache oder branchenspezifischer Umgangssprache geklärt oder erläutert werden sollte und dass die Vertragssprache klar und eindeutig sein sollte. Außerdem sollte jede Partei vor der Unterzeichnung der Vereinbarung die Möglichkeit haben, diese zu bewerten, Fragen zu stellen und eine Erklärung zu erhalten.

Auch die Durchsetzbarkeit des Vertrags ist ein entscheidender Faktor. Dies bedeutet, dass der Vertrag bestimmte Rechtsnormen einhalten muss, beispielsweise dass er von allen Parteien freiwillig geschlossen werden muss, und dass sein Inhalt nicht rechtswidrig sein oder gegen die öffentliche Ordnung verstoßen darf. Unter bestimmten Umständen muss ein Vertrag, damit er durchsetzbar ist, möglicherweise auch schriftlich erfolgen und von allen Parteien unterzeichnet werden.

Letztendlich ist es von entscheidender Bedeutung, sich vorzustellen, was passieren würde, wenn eine Person die Vereinbarung brechen würde. Dazu kann die Definition der anwendbaren Haftbefehle für den Verstoß gehören, ähnlich wie die Aufforderung an die schuldige Person, Wiedergutmachung zu leisten oder bestimmte Schritte zu unternehmen, um den Verstoß wiedergutzumachen. Um kostspielige und zeitraubende Maßnahmen zu vermeiden, kann es auch die Aufnahme von Klauseln für widersprüchliche Vereinbarungen umfassen, ähnlich wie bei Schiedsverfahren oder Vereinbarungen.

Patente

Ein Patent ist ein recht geehrter Titel, der dem Inhaber für einen bestimmten Zeitraum die einzige Möglichkeit einräumt, eine Erfindung zu produzieren, zu nutzen und zu manipulieren. Indem sie es Formulierern ermöglichen, mit ihren Ideen Geld zu verdienen, sollen Patente die Kreativität fördern. Sie fördern auch die Veröffentlichung neuer Ideen, damit andere darauf aufbauen können.

Um ein Patent zu erhalten, muss ein Innovator bei der zuständigen Regierungsbehörde einen Patentantrag einreichen. Der Betrieb muss alle wesentlichen Darstellungen und sonstigen Bescheinigungen sowie eine ausführliche Erläuterung der Erfindung enthalten. Ein Patentüberwacher bewertet den Vorgang und entscheidet, ob die Erfindung die rechtlichen Kriterien für die Patentierbarkeit erfüllt.

Stellen Sie beim Umgang mit Patenten sicher, dass die Erfindung tatsächlich einzigartig und nicht offensichtlich ist. Das bedeutet, dass es sich bei der Erfindung nicht um eine eindeutige Interpretation einer bereits existierenden Erfindung handeln darf und dass sie nicht vorab der Öffentlichkeit zugänglich gemacht worden sein darf. Ebenso ist es von entscheidender Bedeutung, zu bestätigen, dass der Innovator ziemlich gut genug ist, um ein Patent anzumelden, was möglicherweise die Zustimmung eines Arbeitgebers oder anderer Parteien erfordert, die implizit an der Erfindung beteiligt sind.

Ein weiterer entscheidender Faktor ist die Tatsache, dass das Patent ausgeführt wird. Dazu kann es gehören, die Anfrage im Auge zu behalten, um mögliche Rechtsverletzer zu erkennen und rechtliche Schritte einzuleiten, um Verstöße zu stoppen oder zu verhindern. Es könnte die Erfindung auch Dritten zugänglich machen, was für den Patentinhaber eine erhebliche Gewinnquelle darstellen könnte.

Warenzeichen

Eine Marke ist ein Design, ein Begriff oder ein Ausdruck, der dazu dient, einen Artikel oder eine Dienstleistung einzeln zu identifizieren und voneinander zu trennen. Marken sind wichtig, weil sie den Verbrauchern dabei helfen, die Herkunft einer Ware oder Dienstleistung zu ermitteln, und weil sie ein wirksames Marketinginstrument für Unternehmen sein können.

Um eine Marke zu erhalten, muss ein Unternehmen bei der zuständigen Regierungsbehörde einen Markenantrag einreichen. Dem Vorgang müssen eine ausführliche Erläuterung der Marke sowie alle erforderlichen unterstützenden Bescheinigungen beigefügt werden, z. B.

Beispiele für die Verwendung der Marke. Ein Markenwächter prüft den Vorgang und entscheidet, ob die Marke einzigartig genug ist, um registriert zu werden, und ob es wahrscheinlich ist, dass sie mit bereits registrierten Marken verwechselt wird.

Die Überprüfung, dass eine Marke nicht die Rechte anderer verletzt, ist einer der wichtigsten rechtlichen Faktoren, die beim Umgang mit Marken berücksichtigt werden müssen. Um sicherzustellen, dass die Marke nicht bereits von einem anderen Unternehmen oder einer anderen Person verwendet wird, muss eine umfassende Prüfung durchgeführt werden. Dazu gehört auch, die Verwendung von Marken zu vermeiden, die übermäßig analog zu den früher verwendeten sind, da dies zu Verwirrung beim Kunden und sogar zu rechtlichen Problemen führen kann.

Ein weiterer entscheidender Faktor ist die sorgfältige Sicherung der Marke. Dazu kann es gehören, Markenschutz in mehreren Ländern oder Gebieten zu beantragen, die Anfrage im Auge zu behalten, um potenzielle Rechtsverletzer zu erkennen, und rechtliche Schritte einzuleiten, um Verstöße zu stoppen oder zu verhindern. Dazu könnte auch die Gewährung von Lizenzen zur Nutzung der Marke an Dritte gehören, was für den Markeninhaber eine wirtschaftliche Gewinnquelle darstellen kann.

Neben diesen rechtlichen Fragen ist es von entscheidender Bedeutung, auch über die strategischen Auswirkungen von Verträgen, Patenten und Marken nachzudenken. Verträge können beispielsweise genutzt werden, um eindeutige Interessenten mit Lieferanten, Gästen und Mitarbeitern zu vereinbaren sowie wichtige Unternehmensdaten wie Geschäftsgeheimnisse zu schützen.

Patente können eingesetzt werden, um einem Unternehmen einen Wettbewerbsvorteil zu verschaffen und originelle Erfindungen oder Technologien abzudecken. Marken können verwendet werden, um Kundentreue und Markenbewusstsein sowie eine eindeutige Identität für das Unternehmen zu entwickeln.

Es kann schwierig sein, sich in diesen rechtlichen Angelegenheiten zurechtzufinden; Daher ist es immer heilsam, einen ausgebildeten, auf diese Angelegenheiten spezialisierten Anwalt zu konsultieren. Neben der Beratung zu politischen Themen wie Lizenzierung, Klage und globales Wachstum kann ein Anwalt auch dabei helfen, sicherzustellen, dass Verträge, Patente und Marken recht solide und ordnungsgemäß ausgeführt werden. Durch die präzise Verwaltung dieser rechtlichen Faktoren können Unternehmen ihr geistiges Eigentum und andere Mittel schützen, Fallstricke bewältigen und eine solide Grundlage für langfristigen Erfolg schaffen.

Kapitel 7

Aufbau eines starken Teams: Talente einstellen und verwalten

Die Qualität des Pools eines Unternehmens hat einen erheblichen Einfluss auf dessen Leistung. Ein großer Zug kann Erfindungen anregen, Geschäfte vorantreiben und einem Unternehmen helfen, seine Ziele zu erreichen. Um jedoch einen soliden Zug zusammenzustellen, müssen die Auswahl- und Einsatzverfahren gründlich untersucht werden. In diesem Beitrag werden wir uns einige der besten Möglichkeiten zur Auswahl und Überwachung von Menschen ansehen.

Einstellung
Das Auswählen und Rekrutieren der entsprechenden Persönlichkeiten ist der erste Schritt zur Bildung eines wichtigen Zuges. Dies erfordert ein tiefes Verständnis der für die einzelnen Bereiche geforderten Kapazitäten und

Tarife sowie einen erfolgreichen Einstellungsprozess.

Beschreiben Sie Ihren Teil

Es ist von entscheidender Bedeutung, die Funktion und Pflichten der Position klar zu beschreiben, bevor mit dem Rekrutierungsprozess begonnen wird. Dies erhöht die Wahrscheinlichkeit, dass die Stellenbeschreibung die für die Stelle geforderten Fähigkeiten und Qualifikationen nur unzureichend wiedergibt.

Nutzen Sie verschiedene Reklamationskanäle

Die Nutzung verschiedener Reklamationskanäle ist von entscheidender Bedeutung, wenn Sie einen breiten Pool an Interessenten gewinnen möchten. Dazu können Bulletins auf kommerziellen Websites, Social-Media-Plattformen und Jobbörsen sowie Networking-Funktionen und konkrete Empfehlungen gehören.

Es sollten verhaltensbezogene Interviewfragen verwendet werden

Bei verhaltensbezogenen Interviewfragen geht es darum, die früheren Ergebnisse eines Bewerbers abzuschätzen und zukünftige Ergebnisse zu antizipieren

. Wenn es darum geht, Elitebegabungen zu erkennen, können sie nützlicher sein als herkömmliche Interviewfragen.

Suchen Sie nach Referenzen

Ein zentraler Schritt im Rekrutierungsprozess ist die Überprüfung der Referenzen. Es kann verwendet werden, um den Hintergrund und die Qualifikationen eines Suchenden zu bestätigen und Informationen über seinen Arbeitsstil und Charakter zu reifen.

Verwaltung

Nachdem Sie sich für die richtige Gabe entschieden haben, ist es wichtig, diese Gabe gut zu verwalten und weiterzuentwickeln. Dies kann eine Reihe von Taktiken beinhalten, wie z. B. das Darstellen konkreter Perspektiven, das Geben regelmäßiger Kommentare und das Präsentieren von Verbesserungschancen.

Klären Sie Ihre Perspektiven.

Die einfache Definition von Interessenten ist ein zentrales Element der Personalführung. Beispiele dafür sind das Festlegen von Leistungsobjekten, das Zuordnen entscheidender Leistungsindikatoren (KPIs) und das regelmäßige Geben von Feedback zur Entwicklung.

Geben Sie kontinuierlich Feedback

Für die Förderung ihres Wachstums und ihrer Entwicklung ist es von entscheidender Bedeutung, den Mitarbeitern ständiges Feedback zu geben. Dazu können regelmäßige Check-Sways, Leistungsbeurteilungen und Guiding-Sitzungen gehören. Feedback muss präzise, schnell und nutzbar sein.

Geben Sie Chancen für Expansion und Entwicklung. Arbeitnehmer können ein Gefühl für den Wert und das Engagement in ihrem Job entwickeln, indem ihnen Möglichkeiten für Wachstum und Entwicklung geboten werden. Umfangreiche Aufgaben, Schulungs- und Entwicklungsangebote sowie die Ermutigung der Mitarbeiter zur Übernahme neuer Aufgaben sind einige Möglichkeiten, dies zu erreichen.

Fördern Sie eine positive Pflanze

Ein wesentliches Element beim Umgang mit Geschenken ist die Schaffung eines freundlichen Arbeitsumfelds. Dazu kann es gehören, eine offene Kommunikation zu fördern, den Mitarbeitern für ihre Leistungen zu danken und eine gesunde Work-Life-Balance zu unterstützen.

Herausforderungen

Es kann schwierig sein, einen erfolgreichen Zug zusammenzustellen, und es gibt einige typische Fehleinschätzungen, die es zu vermeiden gilt. Diese entsprechen von

Nur auf Erfahrung setzen

Obwohl Erfahrung von entscheidender Bedeutung ist, ist sie nicht der einzige Aspekt, der bei der Bindung berücksichtigt werden muss. Soft Skills wie Zusammenarbeit und Kommunikation sind entscheidend für die Bildung eines großartigen Zuges.

Weigerung, Feedback zu geben

Ein Mangel an harmonischem Feedback kann zu Fortschritten und schlechter Arbeitsmoral bei den Arbeitnehmern führen. Um den Mitarbeitern bei der Verbesserung ihrer Leistung zu helfen, ist es wichtig, kontinuierliches Coaching und Feedback anzubieten.

Mangel an Wachstumsmöglichkeiten

Arbeitnehmer, die das Gefühl haben, dass ihre Positionen statisch sind, neigen eher dazu, ihren Job zu kündigen. Die Schaffung von Entwicklungs- und Fortschrittschancen könnte dazu beitragen, Spitzenarbeitskräfte zu halten.

Vernachlässigung der kommerziellen Kultur

Die Unternehmenskultur ist ausschlaggebend für die Bindung und Bindung von Spitzenkräften. Es muss eine solide Geschäftskultur geschaffen werden, die die Überzeugungen und Ziele des Vereins unterstützt.

Abschluss

Eine erfolgreiche Platoon-Struktur ist für den kommerziellen Erfolg von entscheidender Bedeutung. Durch den Einsatz effektiver Rekrutierungs- und Betriebspraktiken können kommerzielle Ziele erreicht und Spitzenkräfte angezogen und gehalten werden. Der Aufbau eines starken Zuges erfordert ständige Mühe und Aufmerksamkeit, auch nachdem der ursprüngliche Einstellungs- und Einarbeitungsprozess abgeschlossen ist. Aus diesem Grund ist es für Unternehmen wichtig, Orte zu definieren, mehrere Kanäle zur Reklamation zu nutzen, kontinuierliches Feedback zu geben und Möglichkeiten für Wachstum und Entwicklung anzubieten. Dann gibt es noch einige andere Taktiken für Geschenkaktionen, über die man nachdenken sollte

Vertrauen entwickeln

Ein guter Zug muss über eine starke Vertrauensbasis verfügen. Indem Sie Ihrem Zug gegenüber offen sind, Ihr Wort halten und sich authentisch um ihre Probleme kümmern, können Direktoren bei ihren Mitarbeitern Vertrauen aufbauen.

Zusammenarbeit fördern

Die Teamarbeit zwischen den Mitgliedern kann sich auf die weitere Kreativität und das Produkt auswirken. Fördern Sie die Zusammenarbeit, indem Sie ihnen die Möglichkeit geben, sich in Systemen zu vereinen, und indem Sie ein Klima offener Kommunikation fördern.

Schenken Sie Preise und Anerkennung Arbeitnehmer sind eher engagiert und engagierter bei ihrer Arbeit, wenn sie sich für ihre Bemühungen wertgeschätzt und geehrt fühlen. Arbeitnehmer, die in ihrer Arbeit immer wieder aufs Neue arbeiten, sollten Anerkennung und Vorteile wie Lagniappes, Ehrungen oder öffentliche Sonneneinstrahlung erhalten.

Frühzeitige Lösung von Leistungsproblemen

Eine frühzeitige Intervention in Performance-Unternehmen kann dazu beitragen, dass sie sich in Zukunft nicht zu größeren Knochen entwickeln. Geben Sie ihnen jedoch Anleitung und detaillierte Kommentare, damit sie besser werden können, wenn ein Mitarbeiter nicht die erforderliche Leistung erbringt. Konzentrieren Sie sich auf die Work-Life-Balance.

Arbeitnehmer legen immer mehr Wert auf die Work-Life-Balance, insbesondere im aktuellen Umfeld der Fernarbeit. Flexible Arbeitszeiten, offene Stellen für Remote-Arbeit und bezahlte Freistellung fördern die Work-Life-Balance.

Neben diesen Taktiken ist es von entscheidender Bedeutung, den Bedarf Ihres Zuges regelmäßig einzuschätzen und Ihre Einsatztaktiken bei Bedarf zu ändern. Dazu kann es gehören, Handeingaben zu sammeln, wichtige Leistungskriterien abzudecken und Anpassungen für Änderungen im kommerziellen Umfeld vorzunehmen.

Herausforderungen

Der Prozess, einen guten Zug aufzubauen und zu führen, ist nicht ohne Schwierigkeiten. Im Folgenden sind einige weitere typische Schwierigkeiten aufgeführt, die Sie befürchten müssen

Das stilvolle Geschenk behalten

Es könnte heikel sein, bei der machiavellistischen Beschäftigungsanfrage des Augenblicks das Top-Geschenk zu behalten. Es ist von entscheidender Bedeutung, Wachstums- und Entwicklungschancen sowie wettbewerbsfähige Bezahlung und Leistungen zu bieten.

Verantwortlich für Fernbrigaden
Die Verwaltung entfernter Brigaden kann aufgrund von Problemen bei der Zusammenarbeit und Kommunikation heikel sein. Von entscheidender Bedeutung sind die Einrichtung klarer Kommunikationswege, die Bereitstellung von Tools und Mitteln für Remote-Arbeit sowie die Definition klarer Leistungsziele.

Streit lösen
Der Aufbau eines guten Zuges kann durch zwischenmenschliche Konflikte erheblich beeinträchtigt werden. Um Möglichkeiten für einen ehrlichen Dialog und eine Konfliktlösung zu schaffen, ist es von entscheidender Bedeutung, Konflikte im Voraus und effektiv zu lösen.

Aufrechterhaltung der Moral
Eine niedrige Moral kann einen großen Einfluss darauf haben, wie produktiv und engagiert ein Zug ist. Durch die Vergabe

von Lob und Preisen, die Lösung von Leistungsschwierigkeiten und die Förderung einer gesunden Arbeitsatmosphäre müssen moralische Probleme angegangen werden.

Abschluss

Für die Bildung und Aufrechterhaltung eines großartigen Zugs sind ein geplanter Ansatz bei der Einstellung sowie ein kontinuierlicher Fokus auf die Weiterentwicklung und das Engagement der Mitarbeiter erforderlich. Unternehmen können einen Platoon bilden, der in der Lage ist, seine Ziele zu erreichen und die Kreativität zu fördern, indem er einen starken Schwerpunkt auf Vertrauen, Zusammenarbeit, Anerkennung und Work-Life-Balance legt und auch Themen wie Bindung, Remote-Arbeit, Konflikte und Moral berücksichtigt.

Kapitel 8

Schaffen Sie eine erfolgreiche Unternehmenskultur: Motivieren und binden Sie Ihre Mitarbeiter

Der Aufbau einer erfolgreichen Unternehmenskultur ist für die Inspiration und Einbindung der Mitarbeiter von entscheidender Bedeutung. Ein freundliches und ermutigendes Arbeitsumfeld kann zu höherer Leistung, mehr Arbeitszufriedenheit und geringeren Fluktuationsraten führen. Hier einige Ideen für die Entwicklung einer erfolgreichen Unternehmenskultur:

Legen Sie Ihre Werte fest

Der erste Schritt zur Entwicklung einer gesunden Unternehmenskultur besteht darin, die Werte Ihres Unternehmens zu definieren. Die Grundsätze Ihrer Organisation sollten für alle Mitarbeiter offensichtlich sein und das Verhalten und die Entscheidungsfindung jedes Einzelnen leiten.

Fördern Sie eine offene Kommunikation

Die Grundlage für Vertrauen und Teamarbeit unter den Mitarbeitern ist eine offene Kommunikation. Durch regelmäßige Teambesprechungen, Vorschlagsboxen und Einzelgespräche mit dem Management können Sie eine offene Kommunikation fördern.

Bieten Sie Möglichkeiten für Entwicklung und Wachstum

Mitarbeiter möchten glauben, dass sich ihre Positionen dadurch weiterentwickeln und erweitern. Geben Sie Ihren Mitarbeitern die Chance, sich beruflich weiterzuentwickeln, neue Fähigkeiten zu erwerben und neue Verantwortungen zu übernehmen.

Bieten Sie marktgerechte Löhne und Zusatzleistungen

Damit Top-Talente angezogen und gehalten werden können, sind attraktive Gehälter und Zusatzleistungen erforderlich. Stellen Sie sicher, dass Ihr Gehalt und Ihre Zusatzleistungen wettbewerbsfähig sind, indem Sie sich über Branchennormen informieren.

Erfolge anerkennen und würdigen
Die Leistungen der Mitarbeiter sollten anerkannt und belohnt werden, da dies einen starken Anreiz darstellen kann. Bieten Sie Mitarbeitern, die in ihren Positionen herausragende Leistungen erbringen, Belohnungen, Aufstiegschancen und öffentliche Anerkennung.

Förderung der Work-Life-Balance
Bieten Sie Ihren Mitarbeitern bezahlten Urlaub, Möglichkeiten zur Fernarbeit und eine flexible Planung, um eine gesunde Work-Life-Balance zu gewährleisten.

Herausforderungen
Der Aufbau einer erfolgreichen Unternehmenskultur ist nicht ohne Schwierigkeiten. Im Folgenden sind einige weitere typische Schwierigkeiten aufgeführt, die Sie beachten sollten:

Verantwortlich für Remote-Teams
Der Aufbau und die Aufrechterhaltung einer gesunden Unternehmenskultur stellt bei der Arbeit mit Remote-Mitarbeitern besondere Schwierigkeiten dar. Die Förderung der Zusammenarbeit und Kommunikation zwischen entfernten Teammitgliedern kann eine Herausforderung sein. Um bei diesen

Problemen zu helfen, stellen Sie effektive Kommunikationskanäle bereit und bieten Sie Tools und Ressourcen für die Remote-Arbeit an.

Streit lösen

Der Aufbau einer gesunden Unternehmenskultur kann durch interne Konflikte zwischen den Mitarbeitern erheblich behindert werden. Durch die Schaffung von Möglichkeiten für einen ehrlichen Dialog und die Lösung von Konflikten ist es von entscheidender Bedeutung, Konflikte frühzeitig und effektiv zu lösen.

Aufrechterhaltung der Moral

Das Maß an Engagement und Produktivität der Mitarbeiter kann durch eine niedrige Arbeitsmoral erheblich beeinträchtigt werden. Durch die Vergabe von Lob und Preisen, die Lösung von Leistungsschwierigkeiten und die Förderung einer gesunden Arbeitsatmosphäre müssen moralische Probleme angegangen werden.

Zunehmende Inklusion und Vielfalt

Obwohl der Aufbau eines integrativen und vielfältigen Arbeitsplatzes schwierig sein kann, ist er für die Entwicklung einer starken Unternehmenskultur von entscheidender Bedeutung. Stellen Sie sicher, dass Ihre Rekrutierungs- und Beförderungspraktiken inklusiv sind, und führen Sie regelmäßig Schulungen zu Diversität und Inklusion durch.

Abschluss

Eine blühende Unternehmenskultur erfordert ständige Arbeit und Konzentration. Sie können ein produktives und ermutigendes Arbeitsumfeld schaffen, das Mitarbeiter inspiriert und einbezieht, indem Sie Ihre Werte definieren, eine offene Kommunikation fördern, Möglichkeiten für Wachstum und Entwicklung bieten, wettbewerbsfähige Vergütungen und Zusatzleistungen bieten, Leistungen anerkennen und belohnen und die Vereinbarkeit von Beruf und Privatleben fördern. Ihre Unternehmenskultur bleibt im Laufe der Zeit stark und gut, wenn Sie typische Probleme wie die Leitung von Remote-Teams, den Umgang mit Konflikten, die Aufrechterhaltung der Arbeitsmoral sowie die Förderung von Vielfalt und Inklusion bewältigen.

Hier sind einige weitere Ideen für die Entwicklung einer erfolgreichen Unternehmenskultur:

Ein gutes Beispiel geben

Die Entwicklung einer gesunden Arbeitsplatzkultur liegt hauptsächlich in der Verantwortung von Führungskräften. Führungskräfte sollten nach den Grundsätzen und Standards handeln, die ihnen am Herzen liegen. Dazu gehört es, offen und entgegenkommend sowie höflich und kooperativ zu sein.

Zusammenarbeit fördern

Die Zusammenarbeit zwischen Mitarbeitern kann Kreativität, Leistung und Arbeitszufriedenheit steigern. Durch die Möglichkeit zur Teamarbeit, funktionsübergreifenden Initiativen und Informationsaustausch wird die Zusammenarbeit gefördert.

Fördern Sie Wohlbefinden und Wohlbefinden Eine gesunde Arbeitsplatzkultur erfordert einen Fokus auf das Wohlbefinden und Wohlbefinden der Mitarbeiter. Um die Mitarbeiter bei der Aufrechterhaltung eines gesunden Lebensstils zu unterstützen, bieten Sie Wellness-Programme an, darunter Fitnesskurse vor Ort und psychologische Dienste.

Hier sind einige weitere Ideen für die Entwicklung einer erfolgreichen Unternehmenskultur:

Ein gutes Beispiel geben

Die Entwicklung einer gesunden Arbeitsplatzkultur liegt hauptsächlich in der Verantwortung von Führungskräften. Führungskräfte sollten nach den Grundsätzen und Standards handeln, die ihnen am Herzen liegen. Dazu gehört es, offen und entgegenkommend sowie höflich und kooperativ zu sein.

Zusammenarbeit fördern

Die Zusammenarbeit zwischen Mitarbeitern kann Kreativität, Leistung und Arbeitszufriedenheit steigern. Durch die Möglichkeit zur Teamarbeit, funktionsübergreifenden Initiativen und Informationsaustausch wird die Zusammenarbeit gefördert.

Fördern Sie Wohlbefinden und Wohlbefinden Eine gesunde Arbeitsplatzkultur erfordert einen Fokus auf das Wohlbefinden und Wohlbefinden der Mitarbeiter. Um die Mitarbeiter bei der Aufrechterhaltung eines gesunden Lebensstils zu unterstützen, bieten Sie Wellness-Programme an, darunter Fitnesskurse vor Ort und psychologische Dienste.

Bei der Entwicklung einer erfolgreichen Unternehmenskultur sind folgende zusätzliche Schwierigkeiten zu beachten:

Vertrauen aufbauen Der Aufbau von Vertrauen kann einige Zeit in Anspruch nehmen, ist aber für eine starke Atmosphäre am Arbeitsplatz von entscheidender Bedeutung. Um das Vertrauen Ihrer Mitarbeiter zu gewinnen, sollten Sie in Ihrer Kommunikation und Entscheidungsfindung offen, ehrlich und konsequent sein.

Veränderung kontrollieren

Jede Organisation wird Veränderungen erleben, doch diese können sich negativ auf die Unternehmenskultur auswirken. Bewältigen Sie Veränderungen erfolgreich, indem Sie die Kommunikationswege offen und proaktiv halten, die Mitarbeiter in die Entscheidungsfindung einbeziehen und bei Bedarf Unterstützung und Ressourcen anbieten.

Die individuellen und Teamziele im Auge behalten

Die Ziele des Teams und die persönlichen Ziele können gelegentlich kollidieren. Um sicherzustellen, dass individuelle Erfolge zum Gesamterfolg des Teams und der Organisation beitragen, ist es entscheidend, eine Balance zwischen individuellen und Teamzielen zu finden.

Zusammenfassend lässt sich sagen, dass die Entwicklung einer erfolgreichen Organisationskultur kontinuierliche Arbeit und Konzentration erfordert. Sie können ein produktives und ermutigendes Arbeitsumfeld schaffen, das Menschen inspiriert und einbezieht, indem Sie mit gutem Beispiel vorangehen, die Zusammenarbeit fördern, Gesundheit und Wohlbefinden fördern, ein Gemeinschaftsgefühl fördern, klare Erwartungen und Feedback setzen und Leistungen belohnen. Ihre Unternehmenskultur wird im Laufe der Zeit stark und gut sein, wenn Sie sich mit Themen wie dem Aufbau von Vertrauen, dem Umgang mit Veränderungen und dem Ausgleich individueller und Teamziele befassen.

Kapitel 9

Bootstrapping Ihres Start-Ups:
Maximieren Sie Ihre Ressourcen

Es kann wertvoll und gefährlich sein, ein Unternehmen zu gründen. Dennoch gibt es Stile, die Unternehmensinhaber anwenden können, um ihre Gründung mit wenig Plutokratie zu etablieren. Als Bootstrapping wird diese Strategie bezeichnet. Unter Bootstrapping versteht man die Verwendung früher verfügbarer Mittel zur Gründung und Erweiterung einer Niederlassung. Nutzen Sie beim Start Ihres Unternehmens diese Tipps, um Ihre Kassen zu maximieren

Konstruieren Sie ein minimal realisierbares Produkt.

Ein Minimum Viable Product (MVP) ist eine Ware oder Dienstleistung, die die erforderliche Funktionalität bietet, um die Anforderungen von Early Adopters zu erfüllen und gleichzeitig Input für die zukünftige Produktentwicklung zu sammeln. Indem Sie Ihre Konzeption testen können, bevor Sie Geld für eine umfassende Produkteinführung ausgeben, kann die Erstellung eines MVP Ihnen helfen, Zeit und Geld zu sparen.

Nutzen Sie kostenlose und günstige Kassen

Unternehmer haben Zugriff auf eine breite Palette kostenloser und erschwinglicher Ressourcen, darunter Open-Source-Software, kostenlose Web-Tools und erschwingliche Marketingmöglichkeiten. Sie können Ihre Gründungskosten senken und Ihre Haushaltskassen schonen, indem Sie diese Kassen nutzen.

Nutzen Sie Ihr Netzwerk

Beim Start eines Startups kann Ihr persönliches und berufliches Netzwerk eine nützliche Ressource sein. Fragen Sie Ihre Musketiere, Ihre Familie und Ihre Mitarbeiter, ob sie Ihnen Rat oder Unterstützung geben können. Möglicherweise können Sie neue Gäste oder Investoren entdecken, indem Sie Ihr Netzwerk als Ressource nutzen.

Suchen Sie nach unverzichtbaren Finanzierungsquellen

Bootstrapping gilt nicht als Suche nach finanzieller Unterstützung. Unverzichtbare Fundraising-Optionen, darunter Crowdfunding, Kleinunternehmenskredite und Subventionen, können Ihnen dabei helfen, mehr Geld zu sammeln, ohne Unternehmensanteile aufzugeben.

Reduzieren Sie die Abflussgebühren

Die Aufrechterhaltung möglichst geringer Abflussgebühren ist für das Bootstrapping von entscheidender Bedeutung. Anstatt Vollzeitkräfte zu halten, kann dies auch darin bestehen, dauerhaft zu arbeiten, Büroräume zu nutzen oder Arbeiten an Auftragnehmer auszulagern.

Beobachten Sie Ihren Geldzufluss

Die Verwaltung Ihres Geldzuflusses ist bei der Gründung Ihres Unternehmens von entscheidender Bedeutung. Behalten Sie Ihren Geldzufluss genau im Auge und stellen Sie sicher, dass Sie über eine Strategie zur Ausgabenkontrolle und Erzielung von Einnahmen verfügen.

Beim Bootstrapping eines Startups müssen einige neue Probleme beachtet werden, z. B

Kleinere Kassen

Beim Bootstrapping ist es üblich, mit einem knappen Budget zu arbeiten, was heikel sein kann. Bereiten Sie sich darauf vor, Präzedenzfälle zu schaffen und entscheiden Sie, wofür Sie Ihre Kassen ausgeben.

Das zeitlich begrenzte Bootstrapping kann viel Zeit in Anspruch nehmen, insbesondere wenn Sie mehrere Aufgaben gleichzeitig erledigen oder mit einem kleinen Zug arbeiten. Seien Sie bereit, lange zu arbeiten und Ihre Zeit gut einzuteilen.

Kleine Skalierbarkeit

Bootstrapping könnte es für Sie schwieriger machen, Ihr Unternehmen auszubauen. Seien Sie darauf vorbereitet, die Expansion langsamer und kontrollierter anzugehen und sich auf die Schaffung eines langfristigen, nachhaltigen Unternehmens zu konzentrieren.

Kleinere Kassen

Beim Bootstrapping ist es üblich, mit einem knappen Budget zu arbeiten, was heikel sein kann. Bereiten Sie sich darauf vor, Präzedenzfälle zu schaffen und entscheiden Sie, wofür Sie Ihre Kassen ausgeben.

Das zeitlich begrenzte Bootstrapping kann viel Zeit in Anspruch nehmen, insbesondere wenn Sie mehrere Aufgaben gleichzeitig erledigen oder mit einem kleinen Zug arbeiten. Seien Sie bereit, lange zu arbeiten und Ihre Zeit gut einzuteilen.

Kleine Skalierbarkeit

Bootstrapping könnte es für Sie schwieriger machen, Ihr Unternehmen auszubauen. Seien Sie darauf vorbereitet, die Expansion langsamer und kontrollierter anzugehen und sich auf die Schaffung eines langfristigen, nachhaltigen Unternehmens zu konzentrieren.

Gehen Sie mit Ihrem Marketing digital vor

Ohne viel Plutokratie zu investieren, kann digitales Marketing ein effektiver Ansatz sein, um mit Ihrer Zielgruppe in Kontakt zu treten. Nutzen Sie Social-Networking-Spots, Versandmarketing und Content-Marketing, um die Markenpräsenz und die Lead-Generierung zu steigern.

Geben Sie der Kundenakquise und -bindung höchste Priorität

Beim Bootstrapping ist es von entscheidender Bedeutung, sich auf die Kundengewinnung und -bindung zu konzentrieren. Dazu müssen Sie die Anforderungen Ihrer Zielgruppe identifizieren, deren Wünsche und Schwachstellen verstehen und Waren und Dienstleistungen produzieren, die diese Anforderungen erfüllen. Dazu gehört auch, dass Sie eine starke Bindung zu Ihren Gästen aufbauen, um neue Geschäfte und hilfreiche Mundpropaganda zu fördern.

Erstellen Sie eine wichtige Markenidentität

Durch die Schaffung einer unverwechselbaren Markenidentität kann sich Ihr Start-up von der Konkurrenz abheben. Nehmen Sie sich viel Zeit und plutokratisch, um Ihre Markenstrategie zu entwerfen, die den Tonfall, die visuelle Identität und die Kommunikation Ihres Unternehmens umfassen sollte.

Betonen Sie Koordination und Innovation

Bootstrapping erfordert einen offenen, kreativen Ansatz. Ermutigen Sie Ihre Mitarbeiter zum offenen Dialog und zur Zusammenarbeit und seien Sie offen für neue Arten der Problemlösung.

Betonen Sie die kontinuierliche Entwicklung

Der langfristige Erfolg Ihres Startups hängt von der kontinuierlichen Weiterentwicklung ab. Überprüfen Sie Ihre Unternehmensabläufe ständig, suchen Sie nach Bereichen, die verbessert werden können, und gewöhnen Sie sich bei Bedarf daran. Um sicherzustellen, dass Sie einen Mehrwert bieten und deren Bedingungen erfüllen, bitten Sie sowohl Gäste als auch Platoon-Mitglieder um Input.

Produzieren Sie eine positive Intelligenz

Bootstrapping kann anstrengend sein, aber es ist wichtig, eine positive Einstellung zu haben, äußerst motiviert zu bleiben und durchzuhalten. Arbeiten Sie mit beweiskräftigen Teamkollegen, Ausbildern und Beratern zusammen, die Sie auf den richtigen Weg weisen und Sie dabei inspirieren können.

Das Bootstrapping eines Startups kann eine anregende und befriedigende Erfahrung sein, erfordert jedoch sorgfältige Planung, Vorstellungskraft und den Wunsch, flexibel und erfinderisch zu sein. Mit diesen Ratschlägen und Methoden können Sie das Beste aus

Ihrem Budget herausholen, eine solide Grundlage für Ihr Unternehmen schaffen und auf lange Sicht erfolgreich sein.

Kapitel 10

Technologie nutzen: Werkzeuge und Ressourcen für Wachstum

In der sich ständig weiterentwickelnden Geschäftslandschaft von heute ist Technologie zu einem notwendigen Werkzeug für Wachstum geworden. Von Startups bis hin zu etablierten Unternehmen hat die Technologie die Art und Weise, wie Unternehmen arbeiten, revolutioniert und es ihnen ermöglicht, Prozesse zu rationalisieren, neue Gäste zu erreichen und sich einen Wettbewerbsvorteil zu verschaffen. In diesem Aufsatz werden wir einige der entscheidenden Tools und Ressourcen untersuchen, die Unternehmen nutzen können, um durch Technologie Wachstum zu erzielen.

Den Pall trainieren

Pall Computing hat sich als einer der bedeutendsten technologischen Fortschritte der letzten Zeit herausgestellt und bietet Unternehmen eine Reihe von Vorteilen. Durch den Einsatz von Paketsoftware und -diensten können Unternehmen ihre IT-Kosten senken und gleichzeitig ihre Skalierbarkeit und Flexibilität verbessern. Pall Computing ermöglicht es Unternehmen außerdem, ihre Daten von überall auf der Welt sicher zu speichern und zu übertragen und so Remote-Arbeit und Zusammenarbeit zu ermöglichen.

Die Cloud trainieren

Pall Computing hat sich als einer der bedeutendsten technologischen Fortschritte der letzten Zeit herausgestellt und bietet Unternehmen eine Reihe von Vorteilen. Durch den Einsatz von Paketsoftware und -diensten können Unternehmen ihre IT-Kosten senken und gleichzeitig ihre Skalierbarkeit und Flexibilität verbessern. Pall Computing ermöglicht es Unternehmen außerdem, ihre Daten von überall auf der Welt sicher zu speichern und zu übertragen und so Remote-Arbeit und Zusammenarbeit zu ermöglichen.

Sozialen Medien

Soziale Medien werden zu einem wesentlichen Element des hochmodernen Geschäftsumfelds und bieten Unternehmen ein wirksames Instrument zur Gewinnung neuer Gäste, zur Interaktion mit bestehenden Kunden und zur Steigerung der Markenbekanntheit. Social-Media-Seiten wie Facebook, Instagram und Twitter haben weltweit über 4,5 Milliarden Nutzer und sind damit zentrale Marketinginstrumente für Unternehmen jeder Größe.

Unternehmen können über soziale Medien effizienter mit ihren Ziel-Followern kommunizieren, die Markentreue fördern und das Website-Geschäft steigern. Darüber hinaus bieten soziale Medien eine Vielzahl von Werbemöglichkeiten, die es Unternehmen ermöglichen, bestimmte Kulte gezielt anzusprechen. Auf diese Weise können Unternehmen neue Gäste effektiver erreichen und ihren Return on Investment (ROI) steigern.

Künstliche Intelligenz (KI)

Künstliche Intelligenz (KI) ist für Unternehmen zu einem immer wichtigeren Werkzeug geworden und bietet eine Reihe von Vorteilen, von der Perfektionierung des Kundenservice bis hin zur Automatisierung von Prozessen. Mithilfe von KI lassen sich große Datenmengen analysieren, Routineaufgaben automatisieren und auf wörtlichen Daten basierende Prognosen erstellen.

Einer der bedeutendsten Einsatzbereiche der KI ist der Kundenservice, wo Catboats und virtuelle Sidekicks routinemäßige Kundenanfragen bearbeiten können, sodass sich die Mitarbeiter auf komplexere Probleme konzentrieren können. KI kann auch zur Verbesserung der Einsatzkette eingesetzt werden, sodass Unternehmen ihre Einsatzsituation optimieren und Kosten senken können. Im Marketing kann KI eingesetzt werden, um Inhalte und Werbung zu verkörpern, das Kundenerlebnis zu perfektionieren und Geschäfte voranzutreiben.

E-Commerce

E-Commerce hat die Einzelhandelsbranche verändert und bietet Unternehmen eine neue Möglichkeit, Gäste zu erreichen und ihre Produkte online zu verkaufen. E-Commerce-Plattformen wie Shopify, Woo Commerce und Magenta können von Unternehmen genutzt werden, um schnell und reibungslos einen Online-Shop zu starten, ohne dass dafür technische oder spezielle Kenntnisse erforderlich sind.

E-Commerce bietet mehrere Vorteile, darunter eine größere Fangemeinde, einen besseren Kundenservice und niedrigere Betriebskosten. Unternehmen können sieben Tage die Woche rund um die Uhr ein globales Publikum erreichen, indem sie ihre Produkte online verkaufen. E-Commerce ermöglicht es Unternehmen außerdem, individuelle, auf Kundendaten basierende Empfehlungen anzubieten, das Kundenerlebnis zu perfektionieren und Geschäfte voranzutreiben.

Big-Data-Analyse

Big-Data-Analysen haben sich als entscheidendes Werkzeug für Unternehmen herausgestellt, da sie Einblicke in Trends bei Kundenanfragen und in die Unternehmensleistung ermöglichen. Durch die Analyse großer Datenmengen können Unternehmen fundierte Entscheidungen treffen, Wachstumschancen erkennen und ihre Abläufe optimieren.

Big-Data-Analysen können in einer Reihe von Bereichen eingesetzt werden, vom Marketing bis zum Supply-Chain-Betrieb. Im Marketing können Unternehmen Daten nutzen, um Inhalte und Werbung zu verkörpern, das Kundenerlebnis zu perfektionieren und Geschäfte voranzutreiben. Bei Force-Chain-Operationen können Daten genutzt werden, um Force-Situationen zu optimieren, Verschwendung zu reduzieren und Lieferzeiten zu verkürzen.

Internet der Effekte (IoT)

Das Internet der Effekte (IoT) ist in jüngster Zeit zu einem Schlagwort geworden und bezieht sich auf das verbundene Netzwerk physischer Objekte wie Fahrzeuge, Strukturen und andere Objekte, die mit Detektoren, Software und Konnektivität ausgestattet sind. IoT bietet Unternehmen eine Reihe von Vorteilen, von der Perfektionierung von Effektivität und Produktivität bis hin zur Schaffung neuer Gewinnmöglichkeiten.

Durch den Einsatz von IoT-Bias können Unternehmen Daten über ihre Abläufe sammeln und diese Daten nutzen, um ihre Prozesse zu optimieren, Kosten zu senken und die Kundenzufriedenheit zu verbessern. Beispielsweise können in der Fertigungsindustrie IoT-Detektoren verwendet werden, um die Funktion von Maschinen und Anlagen zu verfolgen und so Zeitüberschreitungen und Wartungskosten zu minimieren. Im Einzelhandel können IoT-Detektoren eingesetzt werden, um Gewaltsituationen zu verfolgen, sodass Unternehmen ihre Lagerbestände effizienter auffüllen können.

Mobile Anwendungen

Der mobile Betrieb ist zu einem unverzichtbaren Instrument für Unternehmen geworden und bietet eine Reihe von Vorteilen, von der Perfektionierung der Kundenbindung bis hin zur Steigerung des Gewinns. Durch die Entwicklung einer mobilen App können Unternehmen ihren Gästen ein personalisierteres Erlebnis bieten und es ihnen ermöglichen, ihre Produkte oder Dienstleistungen unterwegs zu kaufen.

Mobile Operationen können auch zur Erfassung von Kundendaten genutzt werden, sodass Unternehmen ihre Marketing- und Vertriebsstrategien effektiver anpassen können. Beispielsweise können Unternehmen durch die Analyse von Daten aus einer mobilen App ermitteln, welche Produkte oder Dienstleistungen bei ihren Gästen am beliebtesten sind, und diese Informationen nutzen, um gezielte Marketingmassnahmen zu entwickeln.

Blockchain

Die Blockchain-Technologie hat sich in zahlreichen Bereichen als bahnbrechend erwiesen und bietet Vorteile wie mehr Sicherheit, Transparenz und Effektivität. Blockchain ist ein dezentrales Zählsystem, das sichere, manipulationssichere Geschäfte ermöglicht.

Im Finanzwesen kann Blockchain dazu verwendet werden, die Sicherheit und Transparenz von Finanzgeschäften zu verbessern und so die Gefahr von Betrug und Kriminalität zu verringern. Bei Lieferkettenoperationen kann Blockchain dazu verwendet werden, die Bewegung von Waren zu verfolgen und sicherzustellen, dass diese authentisch und nicht gefälscht sind.

Internet-Sicherheit

Mit der zunehmenden Abhängigkeit von Technologie ist Cybersicherheit für Unternehmen jeder Größe zu einem wichtigen Anliegen geworden. Cyberangriffe können Datenschutzverletzungen, finanzielle Verluste und Reputationsschäden verursachen. Daher ist es für Unternehmen unerlässlich, in robuste Cybersicherheitsmaßnahmen zu investieren.

Durch den Einsatz dieser Tools können Unternehmen ihre Netzwerke und Daten vor Cyber-Fallstricken schützen und die Integrität ihrer Abläufe sicherstellen.

Zusammenfassend lässt sich sagen, dass Technologie zu einem notwendigen Werkzeug für Unternehmen geworden ist, die Wachstum und Erfolg erzielen möchten. Von Cloud Computing bis hin zu Cybersicherheit können Unternehmen eine Reihe von Tools und Ressourcen nutzen, um ihre Abläufe zu optimieren, neue Gäste zu erreichen und sich in ihrer Geschäftstätigkeit einen Wettbewerbsvorteil zu verschaffen. Indem Unternehmen über die neuesten technologischen Fortschritte auf dem Laufenden bleiben und diese in ihre Abläufe integrieren, können sie sich für langfristiges Wachstum und Erfolg positionieren.

Kapitel 11

Vermarktung Ihres Start-ups: Aufbau Ihrer Marke und Ihres Kundenstamms

Marketing ist ein entscheidendes Element jeder erfolgreichen Initiative. Dabei handelt es sich um den Prozess der Werbung und des Verkaufs von Produkten oder Dienstleistungen an Gäste. Marketing umfasst eine Reihe von Konditionierungsmaßnahmen, von der Schaffung von Markenbewusstsein über die Generierung von Leads bis hin zum Abschluss von Geschäften. In diesem Aufsatz werden wir die vielfältigen Strategien und Taktiken untersuchen, mit denen Startups ihr Unternehmen vermarkten, ihre Marken aufbauen und ihren Kundenstamm vergrößern können.

Entwickeln Sie Ihre Markenidentität

Der erste Schritt beim Verkauf Ihres Unternehmens ist die Entwicklung Ihrer Markenidentität. Ihre Markenidentität ist die visuelle Darstellung Ihres Unternehmens, einschließlich Ihres

Logos, Ihrer Website, Ihrer Marketingausstattung und anderer prägender Elemente. Ihre Markenidentität sollte über alle Kanäle hinweg stimmig sein und die Werte und die Persönlichkeit Ihres Unternehmens widerspiegeln.

Um Ihre Markenidentität zu entwickeln, definieren Sie zunächst die Mission und Vision Ihrer Marke. Welches Problem löst Ihr Anfang und was ist Ihr ultimatives Ziel? Erstellen Sie als Nächstes eine visuelle Identität, die die Persönlichkeit, Werte und Mission Ihrer Marke widerspiegelt. Dazu gehören Ihr Totem, Ihre Farbpalette, Typografie und andere Design-Grundlagen.

Erstellen Sie eine Website

Ihre Website ist Ihr Online-Schaufenster, in dem Gäste mehr über Ihr Unternehmen, Ihre Produkte und Dienstleistungen erfahren können. Ihre Website sollte optisch ansprechend, einfach zu navigieren und für Suchmaschinen optimiert sein.

Konzentrieren Sie sich bei der Erstellung Ihrer Website auf das Kiffer-Erlebnis. Stellen Sie sicher, dass Ihre Website responsive und für Mobilgeräte optimiert ist, damit sie auf jedem Gerät gut aussieht. Verwenden Sie eine klare und prägnante Sprache, um Ihr Unternehmen und seine Erfolge zu beschreiben, und fügen Sie hochwertige Bilder und Videos hinzu, um Ihre Produkte oder Dienstleistungen zu präsentieren.

Beeinflussen Sie soziale Medien

Es bietet eine Plattform, um mit Gästen in Kontakt zu treten, Kontakte zu knüpfen und für Ihr Unternehmen zu werben. Es stehen zahlreiche Social-Media-Plattformen zur Auswahl, darunter Facebook, Instagram, Twitter und LinkedIn.

Um Social Media effektiv zu nutzen, definieren Sie zunächst Ihre Social-Media-Strategie. Identifizieren Sie die Plattformen, die für Ihr Unternehmen und Ihre Followerschaft am besten geeignet sind, und entwickeln Sie eine Content-Strategie, die zu Ihrer Markenidentität und Ihren Ansprüchen passt. Nutzen Sie soziale Medien, um mit Ihren Followern in Kontakt zu treten, relevante Inhalte zu teilen und für Ihre Produkte oder Dienstleistungen zu werben.

Inhaltsvermarktung

Der Prozess der Produktion und Verbreitung nützlicher, materieller und harmonischer Inhalte, um eine Zielgruppe anzulocken und zu halten. Zu den Inhalten können Blogbeiträge, Videos, Worttafeln, Whitepapers und andere Arten von Inhalten gehören, die Ihren Followern einen Mehrwert bieten.

Um Content-Marketing effektiv einzusetzen, beginnen Sie mit der Definition eines Content-Plans, der der Identität und den Ansprüchen Ihres Unternehmens entspricht. Identifizieren Sie die Themen, die für Ihre Follower am besten geeignet sind, und entwickeln Sie Inhalte, die ihnen einen Mehrwert bieten. Teilen Sie Ihre Inhalte über vielfältige Kanäle, einschließlich sozialer Medien, Versandmarketing und Ihrer Website.

Versandmarketing

Dispatch-Marketing ist für Startups ein wichtiges Instrument, um Kontakte zu Gästen zu knüpfen und für ihr Unternehmen zu werben. Beim Versandmarketing werden Werbe-E-Mails an eine Liste von Abonnenten weitergeleitet, die sich entschieden haben, Ihre E-Mails anzunehmen.

Um das Versandmarketing effektiv zu betreiben, erstellen Sie zunächst Ihre Versandliste. Dies kann erreicht werden, indem Sie im Austausch gegen

Versandadressen eine Lead-Attraktion wie ein kostenloses E-Book oder Whitepaper anbieten. Nutzen Sie Versandmarketing, um für Ihre Produkte oder Dienstleistungen zu werben, wertvolle Inhalte zu teilen und Verbindungen zu Ihren Abonnenten herzustellen.

Influencer-Marketing

Beim Influencer-Marketing geht es darum, mit Influencern zusammenzuarbeiten, um für Ihre Produkte oder Dienstleistungen zu werben. Influencer sind Personen mit einer großen Fangemeinde in sozialen Medien oder anderen Plattformen, die dabei helfen können, Ihr Unternehmen bei ihren Followern bekannt zu machen. Um Influencer-Marketing effektiv zu betreiben, beginnen Sie damit, Influencer zusammenzubringen, die mit Ihrer Markenidentität und Ihren Werten übereinstimmen. Entwickeln Sie eine Strategie, wie Sie mit Influencern zusammenarbeiten, sei es durch bevormundete Inhalte oder andere Arten der Zusammenarbeit.

Jagdmaschinenoptimierung (SEO)

Suchmaschinenoptimierung (SEO) ist der Prozess der Optimierung Ihrer Website und Ihrer Inhalte, um in Suchmaschinen-Ergebnislisten (SERPs) einen höheren Rang zu erreichen. Wenn Ihre Website in den Suchergebnissen weiter oben angezeigt wird, kann dies weitere Kunden auf Ihre Website locken und Ihre Sichtbarkeit und Glaubwürdigkeit erhöhen.

Um SEO effektiv zu betreiben, führen Sie zunächst eine Keyword-Exploration durch, um die Schlüsselwörter und Ausdrücke zu identifizieren, nach denen Ihre Zielgruppe sucht. Verwenden Sie diese Schlüsselwörter in den Inhalten Ihrer Website, einschließlich Ihrer Titel, Überschriften und Meta-Beschreibungen. Stellen Sie sicher, dass Ihre Website gut strukturiert und einfach zu navigieren ist und dass sie schnell lädt.

Bezahlte Werbung

Bei bezahlter Werbung müssen Sie Geld ausgeben, um Ihr Unternehmen über eine Vielzahl von Plattformen bekannt zu machen, darunter Suchmaschinen, soziale Medien und Werbeanzeigen. Durch den Einsatz bezahlter Werbung können Sie Ihre Followerzahl erweitern und das Website-Geschäft steigern.

Definieren Sie zunächst Ihre Werbeobjekte und wählen Sie die Plattformen aus, die für Ihre Followerschaft am besten geeignet sind, wenn Sie bezahlte Werbung effizient nutzen möchten. Produzieren Sie Werbemassen, die mit der Identität und den Objekten Ihrer Marke harmonieren, und decken Sie diese auch ab, um Ihr Werbebudget zu maximieren.

Öffentliche Angelegenheiten

Um für Ihr Unternehmen zu werben und Aufmerksamkeit zu erregen, umfasst die Öffentlichkeitsarbeit (PR) den Aufbau von Verbindungen zu Geheimdiensten und Medienunternehmen. Mithilfe von PR können Sie eine größere Fangemeinde erreichen und Ihre Bekanntheit und Ihren Charakter verbessern.

Erstellen Sie eine Medienliste mit Experten und Veröffentlichungen, die für Ihr Unternehmen relevante Themen abdecken, um mit dem erfolgreichen Einsatz von PR zu beginnen. Präsentieren Sie Ihre Geschichte Geheimdiensten und Medienunternehmen und entwickeln Sie gleichzeitig einen PR-Plan, der mit der Identität und den Zielen Ihrer Marke harmoniert.

Affiliate-Marketing

Beim Empfehlungsmarketing geht es darum, Gäste dazu zu bringen, Ihr Unternehmen ihren Musketieren und ihrer Familie zu empfehlen. Der Aufbau von Beziehungen zu Ihren Kunden und die Generierung neuer Interessenten können durch Empfehlungsmarketing erreicht werden.

Erstellen Sie einen Empfehlungsprogramm, der Ihre Gäste dafür belohnt, dass sie ihre Musketiere und ihre Familie für Ihr Unternehmen gewinnen, um Empfehlungsmarketing effektiv zu nutzen. Dies kann durch Preisnachlässe, kostenlose Produkte oder andere Preise erfolgen.

Zusammenfassend lässt sich sagen, dass der Verkauf Ihrer Unternehmensgründung von entscheidender Bedeutung ist, um sich und Ihren Kunden einen Namen zu machen. Durch die Definition Ihrer Markenidentität, die Erstellung einer Website, den Einsatz von Social Media, Content-Marketing, Versandmarketing, Influencer-Marketing, SEO, bezahlter Werbung, PR und Empfehlungsmarketing können Sie Ihr Unternehmen effektiv fördern und das Wachstum Ihres

Unternehmens fördern. Es ist von entscheidender Bedeutung, eine gründliche Marketingstrategie zu entwerfen, die Ihrer Markenidentität und Ihren Ansprüchen entspricht, und Ihre Marketingkonditionierung regelmäßig zu analysieren und zu verbessern, um sicherzustellen, dass Sie Ihre Zielgruppe erreichen und Ergebnisse für Ihr Unternehmen erzielen.

Kapitel 12

Vertriebsstrategien: Geschäftsabschlüsse und steigende Umsätze

Jeder Verband, der Geschäfte abschließen und den Gewinn steigern möchte, muss über effektive Geschäftsstile verfügen. Effektive Deal-Strategien helfen Unternehmen dabei, eine Verbindung zu ihren Gästen aufzubauen, ihre Anforderungen und Vorlieben zu verstehen und Ergebnisse zu erzielen, die ihre Schwachstellen ansprechen. In diesem Beitrag gehen wir auf 10 Möglichkeiten ein, wie Sie den Gewinn steigern und Ihrem Unternehmen dabei helfen können, Geschäfte abzuschließen.

Wählen Sie eine Ziel-Followerschaft

Der erste Schritt bei der Erstellung einer erfolgreichen Geschäftsstrategie besteht darin, zu bestimmen, wer Ihr Zielkunde ist. Dies bedeutet, dass man sich Sorgen um seine Demografie, seinen Geschmack, seine Probleme und seine Beschneidung machen muss

Muster. Wenn Sie Ihre Zielanfrage verstehen, können Sie Ergebnisse erzielen, die deren Bedingungen und Präferenzen widerspiegeln, und Ihre Geschäftsstrategie anpassen, um die Vorteile Ihrer Waren oder Dienstleistungen effektiv zu vermitteln.

Schaffen Sie eine starke Markenidentität

Ein entscheidendes Element jedes Geschäftsansatzes ist Ihre Markenidentität. Die Persönlichkeit, die Überzeugungen, die Botschaft und die visuelle Identität Ihrer Marke werden berücksichtigt. Mit einer starken Markenidentität können Sie Vertrauen bei Ihren Gästen aufbauen, sich von der Konkurrenz abheben und ein unvergessliches und faszinierendes Kundenerlebnis bieten.

Entwickeln Sie Ihren Deals-Kanal

Das System, mit dem Sie implizite Gäste in zahlende Gäste verwandeln
wird als Ihr Deals-Kanal bezeichnet. Dazu gehört die Kontaktaufnahme mit impliziten Interessenten, deren Betreuung während des Geschäftsprozesses und der Abschluss des Geschäfts. Um implizite Gäste effizient

durch den Deal-Kanal zu bewegen, müssen Sie die Phasen der Kundenreise verstehen und Ihre Strategie für jede einzelne anpassen.

Bauen Sie Bindungen zu Ihren Gästen auf

Damit Sie Kundenbeziehungen aufbauen und deren Vertrauen und Treue gewinnen. Dazu gehört es, genau auf ihre Wünsche und Anforderungen zu achten, angepasste Ergebnisse zu liefern und einen hervorragenden Kundenservice zu bieten. Sie können die Kundenbindung steigern und Folgegeschäfte fördern, indem Sie gute Beziehungen zu Ihren Kunden pflegen.

Nutzen Sie Geschäftsmöglichkeiten als Einfluss

Um den Wert Ihrer Waren oder Dienstleistungen überzeugend zu vermitteln und Geschäfte abzuschließen, können verschiedene Strategien eingesetzt werden. Dazu gehört die Fähigkeit, mühsam zuzuhören, mit Einwänden umzugehen und zu verhandeln. Durch das Erlernen dieser Strategien können Sie Menschen vom Wert Ihrer Waren oder Dienstleistungen überzeugen und Geschäfte abschließen.

Nutzen Sie die Technologie

Technologie hat das Potenzial, ein wirksames Instrument zur Geschäftsabwicklung und Gewinnsteigerung zu sein. Der Einsatz von Client-Relationship-Management-Software (CRM) zur Verwaltung von Kundendaten, die Automatisierung von Geschäftsprozessen und der Einsatz von Analysen zur Abdeckung und Verbesserung Ihrer Geschäftsschwierigkeiten sind nur einige Beispiele dafür, wie Sie dies erreichen können.

Schaffen Sie einen Mehrwert durch den Einsatz von Content-Marketing

Das Erstellen und Verbreiten von Lehrmaterial, das Ihre Zielgruppe anspricht und die Achtsamkeit gegenüber der Marke erhöht, wird als Content-Marketing bezeichnet. Sie können Vertrauen bei Ihren Gästen aufbauen und Ihre Marke als Vordenker in Ihrem Bereich etablieren, indem Sie Ihren Inhalten einen Mehrwert verleihen.

Fördern und Impulse geben

Erhöhungen und Impulse können wichtige Strategien zur Steigerung von Abschlüssen und Gewinnen sein. Um die Gäste zum Kauf zu animieren, gehören dazu Einrichtungsrabatte, Eintrittskarten und Sonderangebote. Sie können die Kundentreue stärken und Folgegeschäfte fördern, indem Sie diese Preise anbieten.

Arbeiten Sie mit anderen zusammen

Durch die Zusammenarbeit mit Unternehmen können Sie Ihre Reichweite vergrößern und Ihren Gewinn steigern. Dabei geht es darum, sich mit Unternehmen Ihrer Branche oder angegliederter Zweigstellen zusammenzuschließen um verpackte Ergebnisse anzubieten oder die Waren oder Dienstleistungen des anderen gemeinsam zu vermarkten.

Kontinuierliche Weiterentwicklung

Die Optimierung Ihrer Deal-Strategie und die Förderung des Geschäftswachstums erfordern eine ständige Verbesserung. Dazu gehört das Überwachen und Untersuchen Ihrer Geschäftsdaten, das Experimentieren mit neuen Ideen und Stilen sowie das kontinuierliche Lernen und Anpassen an die Wünsche und Anforderungen Ihrer Gäste.

Effektive Geschäftsabschlusstaktiken sind entscheidend für den Abschluss von Geschäften und die Steigerung des Einkommens für Ihr Unternehmen. Sie können Geschäfte erfolgreich vorantreiben und den Gewinn Ihres Unternehmens steigern, indem Sie Ihre Zielanfrage ermitteln, Ihre Markenidentität erstellen, Ihren Geschäftskanal erstellen, Verbindungen zu Ihren Gästen pflegen, Geschäftsmöglichkeiten nutzen, Technologie einsetzen, Mehrwert durch Content-Marketing bieten, Impulse und Erhebungen liefern , mit Freunden zusammenarbeiten und Ihre Geschäftsstrategie kontinuierlich perfektionieren. Um sicherzustellen, dass Sie den größtmöglichen Gewinn erzielen, ist eine gründliche Geschäftsstrategie, die mit den Zielen Ihres Unternehmens übereinstimmt, von entscheidender Bedeutung. Sie sollten auch Ihre Schweißausbrüche regelmäßig untersuchen und lindern.

Stellen Sie das Kundenerlebnis an erste Stelle

Um eine dauerhafte Bindung zu Ihren Gästen aufzubauen, müssen Sie ein großartiges Kundenerlebnis bieten. Dazu gehört es, einen erstklassigen Kundenservice zu bieten, Wort zu halten und den Kaufprozess einfach und unkompliziert zu gestalten. Sie können die Kundentreue steigern und

Wiederholungsgeschäfte fördern, indem Sie einen starken Schwerpunkt auf das Kundenerlebnis legen.

Legen Sie erreichbare Objekte fest

Um die Leistung Ihres Geschäftsplans erfolgreich beurteilen zu können, müssen objektive Geschäftsvorgaben festgelegt werden. Dabei geht es darum, kurz- und langfristige Zielsetzungen zu etablieren und den Erfolg dabei zu verfolgen. Sie können Ihren Fortschritt effizient verfolgen und Ihren Plan bei Bedarf ändern, um sicherzustellen, dass Sie auf dem richtigen Weg sind, Ihre Ansprüche auszuhandeln, indem Sie realistische Ansprüche festlegen.

Geben Sie Plutokraten für Ausbildung und Wachstum aus

Sie können sicherstellen, dass Ihr Vertriebsteam über die Kapazitäten und Kenntnisse verfügt, die zum Verkauf Ihrer Waren oder Dienstleistungen und zum Abschluss von Geschäften erforderlich sind, indem Sie in deren Schulung und Weiterentwicklung investieren. Dazu gehört die Bereitstellung von Möglichkeiten für kontinuierliches Training und Coaching sowie für die berufliche Weiterentwicklung und Gestaltung. Sie können einen leistungsstarken Platoon zusammenstellen, der geeignet ist, Geschäfte voranzutreiben und den Gewinn Ihres Unternehmens zu steigern, indem Sie in Ihr Geschäftspersonal investieren.

Geben Sie Plutokraten für Bildung und Entwicklung aus

Indem Sie in ihre Schulung und Entwicklung investieren, können Sie sicherstellen, dass Ihr Dealer-Trupp über die Fähigkeiten und das nötige Wissen verfügt, um Ihre Produkte oder Dienstleistungen zu verkaufen und Geschäfte abzuschließen. Hierzu zählt auch das Anbieten von Möglichkeiten für kontinuierliches Coaching und Training sowie für den beruflichen Aufstieg und die berufliche Weiterentwicklung. Indem Sie in Ihr Deal-Team investieren, können Sie einen leistungsstarken Zug bilden, der Deals vorantreiben und die Einnahmen Ihres Unternehmens steigern kann.

Damit jeder Verband Vereinbarungen abschließen und den Gewinn steigern kann, sind effektive Geschäftsstile von entscheidender Bedeutung. Indem Sie sich darauf konzentrieren, Ihre Zielanfrage zu vermitteln, Ihre Markenidentität zu schaffen, Ihren Deal-

Kanal zu schaffen, Verbindungen zu Ihren Gästen zu pflegen, Deals-Strategien auszuprobieren, Technologie zu nutzen, Mehrwert durch Content-Marketing zu schaffen, Impulse und Akzente zu setzen, mit Freunden zusammenzuarbeiten und Ihre Deals kontinuierlich zu perfektionieren Wenn Sie Ihre Strategie verfolgen, sich auf das Kundenerlebnis konzentrieren, angemessene Ansprüche stellen, in Schulung und Entwicklung investieren, Ihre Ergebnisse messen und bewerten usw., können Sie Ihre Geschäfte steigern. Um sicherzustellen, dass Sie nachhaltiges Wachstum fördern, ist es von entscheidender Bedeutung, über einen gründlichen Geschäftsplan zu verfügen, der mit den Zielen Ihres Unternehmens übereinstimmt. Außerdem sollten Sie Ihre Deals regelmäßig bewerten und optimieren.

Kapitel 13

Skalieren Sie Ihr Unternehmen: Navigieren Sie zu Wachstum und Expansion

Für Unternehmer kann die Übernahme einer Unternehmensgründung sowohl ein anstoßender als auch heikler Moment sein. Die kommende Phase, früher eine Einführungsphase, besteht darin, sie durch die Eingabe neuer Anfragen, die Förderung von Geschäften und die Perfektionierung der funktionalen Effizienz zu erweitern. Um jedoch sicherzustellen, dass das Wachstum wirtschaftlich und nachhaltig ist, erfordert der Aufbau einer Einrichtung eine strenge Planung und Verfolgung. In diesem Beitrag werden die Taktiken für das Wachstum Ihres Unternehmens und die Steuerung von Wachstum und Expansion behandelt.

Legen Sie die Ziele und die Vision Ihres Unternehmens fest.

Es ist wichtig, die Ziele und die Vision Ihres Unternehmens genau zu verstehen, bevor Sie sie bewerten. Dazu gehört es, die Zielgruppe Ihrer Follower zu ermitteln, Ihre Konkurrenten auszuloten und ein Wertversprechen für Ihren Namen zu entwickeln. Ihre Fähigkeit, eine Wachstumsstrategie zu entwickeln, die fokussiert und produktiv ist und gleichzeitig mit Ihrer Gesamtvision übereinstimmt, hängt von Ihrer Fähigkeit ab, Ihre Geschäftsziele leicht zu verstehen.

Stellen Sie einen wichtigen Zug her
Um Ihr Unternehmen zu überspannen, müssen Sie einen soliden Zug aufstellen. Beispiele dafür sind die Einstellung brillanter Menschen, die Ihre Vision und Werte teilen, die Bereitstellung der Werkzeuge und der Unterstützung, die sie zum Erfolg benötigen, und die Pflege eines innovativen Arbeitsumfelds. Sie können das Gesamtwissen Ihrer Mitarbeiter nutzen, um Wachstum und Expansion voranzutreiben, indem Sie einen kompetenten Zug zusammenstellen.

Konstruieren Sie Ihre Geschäftsabläufe
Wenn Sie Ihr Unternehmen ausbauen möchten, müssen Sie effektive und erfolgreiche Prozesse einführen. Dazu

gehört die Optimierung Ihrer Geschäftsabläufe, deren Automatisierung, wenn möglich, und die kontinuierliche Perfektionierung Ihrer Arbeitsabläufe. Sie können Ihr Geschäft ankurbeln, Kosten senken und die allgemeine Qualität Ihrer Waren oder Dienstleistungen steigern, indem Sie Ihre Geschäftsabläufe perfektionieren.

Nutzen Sie Technologie

Technologie hat das Potenzial, ein wirksames Instrument für das Wachstum Ihres Unternehmens zu sein. Dazu gehört der Einsatz von Technologien und Tools zur Rationalisierung von Abläufen, zur Steigerung der Produktivität und zur Verbesserung der Kundenzufriedenheit. Sie können beispielsweise Social-Media-Plattformen nutzen, um mit Gästen zu kommunizieren und Ihre Marke zu bewerben, während ein Client-Relationship-Management-System (CRM) Ihnen bei der Verwaltung von Kundenbeziehungen und Geschäftsdaten helfen kann.

Erweitern Sie den Markt, den Sie bedienen

Eine der wichtigsten Taktiken für das Wachstum Ihres Unternehmens besteht darin, die Reichweite Ihrer Anfragen zu erhöhen. Dazu gehört die Auswahl neuer Anfragen oder Anfrageteile, die gezielt angesprochen werden sollen, die Entwicklung neuer Waren oder Dienstleistungen zur Versorgung dieser Verbraucher und die Erweiterung Ihrer Vertriebsnetze. Sie können Ihre Kundenbasis vergrößern, weitere Gewinne erzielen und Ihr Geschäft diversifizieren, indem Sie die Reichweite Ihrer Anfragen erweitern.

Richten Sie strategische Allianzen ein
Durch die Schaffung strategischer Allianzen können Sie Ihr Unternehmen wachsen lassen und neue Anforderungen effizient erfüllen. Dabei geht es darum, sich mit Verbänden oder Unternehmen zusammenzuschließen, die auf Gegenseitigkeit mit den eigenen stehen, aber ähnliche Ansprüche und Werte haben. Durch die Zusammenarbeit mit anderen Unternehmen können Sie frische Kassen durchstöbern, einfühlsame Informationen einholen und auf die Fähigkeiten Ihrer Freunde zurückgreifen, um das Wachstum zu beschleunigen.

Plutokraten erziehen
Um Ihr Unternehmen einzuschätzen, benötigen Sie ständig mehr Plutokraten,

die die Entwicklung und Expansion unterstützen. Dazu gehört die Adoption von Plutokraten, die Ausgabe von Aktien und die Aufnahme von Finanzmitteln von Investoren oder Steuerverbänden. Sie können Ihr Marketingunternehmen ausbauen, neue Waren, Dienstleistungen oder Technologien kaufen, Ihre Geschäftsfähigkeit steigern und vieles mehr, indem Sie Finanzmittel beschaffen.

Beobachten und ändern Sie Ihren Ansatz

Es ist wichtig, Ihren Plan kontinuierlich zu überprüfen und zu optimieren, während Ihr Unternehmen wächst. Um Ihre Gewinne zu maximieren, sollten Sie wichtige Leistungsindikatoren (KPIs) wie Gewinnwachstum, Kundengewinnungsgebühren und Kundenbindungsraten verfolgen. Sie können sicherstellen, dass Ihr Unternehmen nachhaltig und wirtschaftlich wächst, indem Sie die Leistung regelmäßig überwachen und Ihren Plan anpassen.

Um sicherzustellen, dass das Wachstum wirtschaftlich und nachhaltig ist, erfordert die Gründung einer Niederlassung eine strenge Planung und

Umsetzung. Sie können Wachstum und Expansion erfolgreich steuern und Ihr Unternehmen einschätzen, indem Sie Ihre geschäftlichen Ansprüche und Visionen definieren, einen soliden Zug zusammenstellen, Ihre Geschäftsprozesse entwickeln, Technologie einsetzen, die Reichweite Ihrer Anfragen erweitern, strategische Kontakte knüpfen, Kapital beschaffen und Ihre Strategie überdenken und ändern . Um sicherzustellen, dass Sie das nachhaltige Wachstum Ihres Unternehmens fördern, ist es von entscheidender Bedeutung, dass Sie Ihre Ansprüche im Auge behalten, Ihre Fortschritte analysieren und Ihren Stil kontinuierlich verbessern.

Kapitel 14

Häufige unternehmerische Fallstricke vermeiden

Die unternehmerische Reise ist spannend und voller Chancen und Schwierigkeiten. Selbst die erfahrensten Geschäftsinhaber können aufgrund der zahlreichen Fallstricke der Sorgfaltspflicht Fehleinschätzungen machen, obwohl sie möglicherweise enorme Vorteile mit sich bringen. In diesem Aufsatz werden wir über einige typische Geschäftsprobleme und deren Lösung sprechen.

Fokusprobleme

Mangelnde Aufmerksamkeit ist eine der häufigsten Fehleinschätzungen im Geschäftsleben. Dies kann sich auf unterschiedliche Weise äußern, etwa so, als würde man versuchen, zu viele Geschäftsideen gleichzeitig auszuprobieren oder Aufgaben unpassend zu priorisieren. Es ist wichtig, Ihre Ansprüche und Ziele zu priorisieren und eine klare Vision für Ihr Unternehmen zu haben, um dieser Falle zu entkommen. Erstellen Sie einen strategischen Plan, der die Ansprüche Ihres Unternehmens und die Maßnahmen erläutert, die Sie ergreifen müssen, um diese auszuhandeln. Delegieren oder lagern Sie Aufgaben aus, die für Ihr Kerngeschäft nicht von entscheidender Bedeutung sind, damit Sie sich auf das Wesentliche konzentrieren können

Das wird den größten Einfluss auf Ihr Unternehmen haben.

Die Anfrage konnte nicht bestätigt werden

Das Versäumnis, die Anfrage zu validieren, ist ein weiteres häufiges Problem

Viele Geschäftsinhaber haben brillante Ideen, versäumen es jedoch häufig, diese Ideen mit sachlichen Gästen zu testen. Es ist von entscheidender Bedeutung, vor Gründung Ihrer Niederlassung eine Anfrageanalyse durchzuführen, um die Anfrage Ihrer Zielgruppe, ihre Anforderungen und ihre Zahlungsbereitschaft für Ihr Produkt oder Ihre Dienstleistung zu verstehen. Dies kann Ihnen dabei helfen, Ihr Geschäftskonzept zu verfeinern, potenzielle Konkurrenten zu erkennen und einen Marketingplan zu erstellen, der Ihre Zielgruppe anspricht.

Scheue fiskalische Operation

Eine weitere typische Unternehmerfalle ist eine schlechte plutokratische Operation. Es ist von entscheidender Bedeutung, ordnungsgemäße Finanzunterlagen zu führen und Ihre Einnahmen und Ausgaben sorgfältig im Auge zu behalten. Erstellen Sie eine Finanzstrategie, die Ihren Ausgabenplan, Ihre Cashflow-Prognosen und Ihre Gewinnziele detailliert beschreibt. Um Sie bei der Verwaltung Ihrer Finanzen und beim Treffen kluger Steuerentscheidungen zu unterstützen, sollten Sie darüber nachdenken, mit einem Buchhalter oder Steuerberater zusammenzuarbeiten.

Mangel an Resilienz

Der unternehmerische Weg bringt zahlreiche Höhen und Tiefen mit sich. Wenn Sie ein erfolgreicher Unternehmer sein wollen, sind Anpassungsfähigkeit und die Fähigkeit, sich von Misserfolgen zu erholen, von entscheidender Bedeutung. Wenn sie Schwierigkeiten oder Misserfolgen trotzen, verlieren viele Unternehmer die Provokation. Konzentrieren Sie sich auf die Schaffung von Anpassungsfähigkeit und einer Wachstumsstation, um nicht in diese Falle zu tappen. Glauben Sie weiterhin an das, was Sie für Ihr Unternehmen tun, und geben Sie zu, dass Misserfolge eine Chance zum Wachsen sind.

Zeitmangel bei der Bedienung

Für Unternehmer, die produktiv und erfolgreich sein wollen, sind Zeitmanagementfähigkeiten von entscheidender Bedeutung. Viele Unternehmer haben Schwierigkeiten, ihre Zeit einzuteilen, weil sie versuchen, zu viele Aufgaben auf einmal zu erledigen. Priorisieren Sie Ihre Aufgaben und verwalten Sie Ihre Zeit gut, um dieser Falle zu entgehen. Um Ihnen dabei zu helfen, auf dem richtigen Weg zu bleiben und Ihre Arbeitslast erfolgreich zu verwalten, denken Sie über den Einsatz von Produktivitätstools wie Time-Shadowing-Operationen oder Design-Operation-Software nach.

Mangelnde Delegation

Viele Unternehmer machen den Fehler, alles selbst in die Hand zu nehmen. Die Delegation von Verbindlichkeiten an andere ist ebenso wichtig wie die aktive Beteiligung an Ihrem Unternehmen. Durch die Zuweisung von Aufgaben an andere können Sie die Produktivität steigern, sich auf Ihre Hauptaufgaben im

Werk konzentrieren und die Mitarbeiter dazu ermutigen, neue Fähigkeiten zu erlernen und Verantwortung für ihre Arbeit zu übernehmen. Um Ihre Arbeitsbelastung zu bewältigen und Ihr Unternehmen zu erweitern, können Sie beispielsweise Personal einstellen, Arbeiten vergeben oder mit Freiberuflern zusammenarbeiten.

Nicht anpassungsfähig sein

Unternehmer, die in einem sich ständig verändernden Geschäftsumfeld erfolgreich sein wollen, müssen anpassungsfähig sein. Viele Geschäftsinhaber bleiben in ihren Gewohnheiten hängen und sind nicht in der Lage, mit der Zeit zu gehen oder auf Änderungswünsche zu reagieren. Halten Sie sich über die Entwicklung der Anfragen auf dem Laufenden und seien Sie darauf vorbereitet, Ihren Geschäftsplan bei Bedarf zu ändern, um diese Gefahr zu vermeiden. Um Ihr Unternehmen zu erweitern, seien Sie offen für neue Allgemeingültigkeiten und Bedrohungen.

Zusammenfassend lässt sich sagen, dass der Beruf eines Unternehmers ein heikler Weg ist, der Ausdauer, harte Arbeit und Treue erfordert. Die Vermeidung typischer Fehleinschätzungen wie mangelnde Aufmerksamkeit, fehlende Validierung der Anfrage, schlechte Finanzabläufe, mangelnde Anpassungsfähigkeit, knappe Terminabläufe, fehlendes Delegieren und mangelnde Anpassungsfähigkeit sind entscheidend für den Erfolg als Unternehmer.

Kapitel 15

Verwalten Sie Ihre Finanzen: Budgetierung, Prognosen und Cashflow

Die unternehmerische Reise ist spannend und voller Chancen und Schwierigkeiten. Selbst die erfahrensten Geschäftsinhaber können aufgrund der zahlreichen Fallstricke der Sorgfaltspflicht Fehleinschätzungen machen, obwohl sie möglicherweise enorme Vorteile mit sich bringen. In diesem Aufsatz werden wir über einige typische Geschäftsprobleme und deren Lösung sprechen.

Fokusprobleme

Mangelnde Aufmerksamkeit ist eine der häufigsten Fehleinschätzungen im Geschäftsleben. Dies kann sich auf unterschiedliche Weise äußern, etwa so, als würde man versuchen, zu viele Geschäftsideen gleichzeitig auszuprobieren oder Aufgaben unpassend zu priorisieren. Es ist wichtig, Ihre Ansprüche und Ziele zu priorisieren und eine klare Vision für Ihr

Unternehmen zu haben, um dieser Falle zu entkommen. Erstellen Sie einen strategischen Plan, der die Ansprüche Ihres Unternehmens und die Maßnahmen erläutert, die Sie ergreifen müssen, um diese auszuhandeln. Konzentrieren Sie sich auf die Aufgaben, die den größten Einfluss auf Ihr Unternehmen haben, und delegieren oder lagern Sie Aufgaben aus, die für Ihr Kerngeschäft nicht wesentlich sind.

Die Anfrage konnte nicht bestätigt werden

Das Versäumnis, die Anfrage zu validieren, ist ein weiteres häufiges Problem

Viele Geschäftsinhaber haben brillante Ideen, versäumen es jedoch häufig, diese Ideen mit sachlichen Gästen zu testen. Es ist von entscheidender Bedeutung, vor Gründung Ihrer Niederlassung eine Anfrageanalyse durchzuführen, um die Anfrage Ihrer Zielgruppe, ihre Anforderungen und ihre Zahlungsbereitschaft für Ihr Produkt oder Ihre Dienstleistung zu verstehen. Dies kann Ihnen dabei helfen, Ihr Geschäftskonzept zu verfeinern, potenzielle Konkurrenten zu erkennen und einen Marketingplan zu erstellen, der Ihre Zielgruppe anspricht.

Scheue fiskalische Operation

Eine weitere typische Unternehmerfalle ist eine schlechte plutokratische Operation. Es ist von entscheidender Bedeutung, ordnungsgemäße Finanzunterlagen zu führen und Ihre Einnahmen und Ausgaben sorgfältig im Auge zu behalten. Erstellen Sie eine Finanzstrategie, die Ihren Ausgabenplan, Ihre Cashflow-Prognosen und Ihre Gewinnziele detailliert beschreibt. Um Sie bei der Verwaltung Ihrer Finanzen und beim Treffen kluger Steuerentscheidungen zu unterstützen, sollten Sie darüber nachdenken, mit einem Buchhalter oder Steuerberater zusammenzuarbeiten.

Nicht flexibel sein

Der Weg des Unternehmertums ist voller Höhen und Tiefen. Flexibilität und die Fähigkeit, sich von Fehlern zu erholen, sind entscheidende Fähigkeiten für Unternehmer. Wenn sie mit Herausforderungen oder Enttäuschungen konfrontiert werden, verlieren viele Unternehmer die Provokation. Konzentrieren Sie sich auf eine wachstumsorientierte Denkweise und strukturelle Anpassungsfähigkeit, um nicht in diese Falle zu tappen. Das bedeutet, dass Versäumnisse eine Gelegenheit sind, zu wachsen und zu lernen und sich weiterhin für die Vision Ihres Unternehmens einzusetzen.

Zeitmangel bei der Bedienung

Für Unternehmer, die produktiv und erfolgreich sein wollen, sind Zeitmanagementfähigkeiten von entscheidender Bedeutung. Viele Unternehmer haben Schwierigkeiten, ihre Zeit einzuteilen, weil sie versuchen, zu viele Aufgaben auf einmal zu erledigen. Priorisieren Sie Ihre Aufgaben und verwalten Sie Ihre Zeit gut, um dieser Falle zu entgehen. Um Ihnen dabei zu helfen, auf dem richtigen Weg zu bleiben und Ihre Arbeitslast erfolgreich zu verwalten, denken Sie über den Einsatz von Produktivitätstools wie Time-Shadowing-Operationen oder Design-Operation-Software nach.

Mangelnde Delegation

Viele Unternehmer machen den Fehler, alles selbst in die Hand zu nehmen. Die Delegation von Verbindlichkeiten an andere ist ebenso wichtig wie die aktive Beteiligung an Ihrem Unternehmen.

Durch die Zuweisung von Aufgaben an andere können Sie die Produktivität steigern, sich auf Ihre Hauptaufgaben im Werk konzentrieren und die Mitarbeiter dazu ermutigen, neue Fähigkeiten zu erlernen und Verantwortung für ihre Arbeit zu übernehmen. Um Ihre Arbeitsbelastung zu bewältigen und Ihr Unternehmen zu erweitern, denken Sie über die Einstellung von Personal, die Vergabe von Aufträgen oder die Zusammenarbeit mit Freiberuflern nach.

Nicht anpassungsfähig sein

Unternehmer, die in einem sich ständig verändernden Geschäftsumfeld erfolgreich sein wollen, müssen anpassungsfähig sein. Viele Unternehmer sind eingefahren und nicht in der Lage, mit der Zeit zu gehen oder auf Änderungswünsche zu reagieren. Halten Sie sich über die Entwicklung der Anfragen auf dem Laufenden und seien Sie darauf vorbereitet, Ihren Geschäftsplan bei Bedarf zu ändern, um diese Gefahr zu vermeiden. Um Ihr Unternehmen zu erweitern, seien Sie offen für neue Allgemeinplätze und Bedrohungsträger.

Zusammenfassend lässt sich sagen, dass der Beruf eines Unternehmers ein heikler

Weg ist, der Ausdauer, harte Arbeit und Treue erfordert. Die Vermeidung typischer Fehleinschätzungen, einschließlich mangelnder Aufmerksamkeit, fehlender Validierung der Anfrage, schlechter Finanzabwicklung, mangelnder Anpassungsfähigkeit, knapper Terminabläufe, fehlender Delegierung und mangelnder Anpassungsfähigkeit, ist von entscheidender Bedeutung für den Erfolg als Unternehmer.

Kapitel 16

Effektives Zeitmanagement: Aufgaben priorisieren und delegieren

Unternehmer und Geschäftsführer müssen Vollzeitdirektoren sein. Es kann schwierig sein, Ihre Zeit erfolgreich zu verwalten und Ihre beruflichen Ansprüche zu verhandeln, wenn Sie so viele Pflichten und Verbindlichkeiten zu erfüllen haben. In diesem Beitrag untersuchen wir die Bedeutung der Festlegung von Prioritäten und der Zuweisung von Aufgaben an andere als wesentliche Taktiken für ein effektives Zeitmanagement.

Aufgaben ordnen

Das Setzen von Arbeitsprioritäten ist einer der wichtigsten Faktoren für ein effektives Zeitmanagement. Sie können sich auf die wichtigsten Punkte konzentrieren und Ihre Zeit und Ressourcen entsprechend einsetzen, indem Sie Ihre Aufgaben priorisieren.

Anschließend finden Sie einige Tipps zum Festlegen von Prioritäten für Ihre Aufgaben.

Wählen Sie die wichtigsten Aufgaben aus. Wählen Sie zunächst die Aufgaben aus, die für das Erreichen Ihrer Geschäftsziele am wichtigsten sind. Dabei kann es sich um eine Konditionierung handeln, die die Zufriedenheit der Kunden erhöht, neue Gäste anzieht oder Gewinne erwirtschaftet.
Wenn Sie festgestellt haben, welche Aufgaben am wichtigsten sind, ordnen Sie sie nach Bedeutung. Berücksichtigen Sie den Zeit- und Ressourcenaufwand für die Ausführung jeder Aufgabe sowie die möglichen Auswirkungen auf die Ziele Ihres Unternehmens.
Legen Sie Fristen fest, nachdem Sie Ihre Aufgaben priorisiert haben; Geben Sie jedem eine bestimmte Frist. So stellen Sie sicher, dass Sie bei der Erledigung Ihrer wichtigsten Aufgaben verantwortungsbewusst und konzentriert bleiben.
Zu guter Letzt planen Sie Ihre Aufgaben so, dass Sie Ihre Zeit und Ihre Mittel möglichst effizient einsetzen. Berücksichtigen Sie bei der

Aufgabenplanung Ihre Energiesituation und Ihren Arbeitsstil und planen Sie Pausen und Ruhezeiten ein, um einen Zusammenbruch zu vermeiden.

Anderen Aufgaben erteilen

Eine weitere wesentliche Methode für eine effektive Zeitarbeit ist die Delegation. Sie können Zeit gewinnen und sich auf Ihre wichtigsten Ergebnisse konzentrieren, indem Sie anderen Aufgaben zuweisen. Anschließend finden Sie einige Tipps zur effektiven Aufgabenverteilung

Wählen Sie „Zuzuweisende Aufgaben". Wählen Sie zunächst „Aufgaben, die anderen zugewiesen werden können". Dazu können Arbeiten gehören, die außerhalb Ihres Zuständigkeitsbereichs liegen, zeitaufwändige, aber unbedeutende Arbeiten oder Aufgaben, die von anderen effektiver erledigt werden können.

Sobald Sie sich entschieden haben, welche Aufgaben Sie zuweisen möchten, wählen Sie die entsprechenden Personen aus, die diese zulassen sollen. Wählen Sie unter Berücksichtigung ihrer Arbeitsbelastung, Erfahrung und Fähigkeiten die Zugmitglieder oder Arbeiter aus, die für die jeweilige Aufgabe am besten geeignet sind.

Geben Sie bei der Zuweisung von Aufgaben konkrete Anweisungen. Geben Sie konkrete Anweisungen dazu, was zu tun ist, wie es getan werden muss und welche Fristen oder Regeln gelten. Dadurch wird gewährleistet, dass die Arbeit effektiv und sanft erledigt wird.

Stellen Sie abschließend konkrete Aussichten für den Auftrag und dessen Erledigung fest. Dazu können Fälligkeitstermine, Qualitätskriterien und andere wesentliche Informationen gehören. Sie können sicherstellen, dass der Auftrag zu Ihrer Zufriedenheit erledigt wird und Fehlkonstruktionen oder Missverständnisse vermeiden, indem Sie klare Perspektiven festlegen.

Vorteile des Festlegens von Prioritäten und des Delegierens

Das Festlegen von Prioritäten und die Zuweisung von Pflichten an andere sind entscheidende Vorgehensweisen im Zeitablauf, die zahlreiche Vorteile für Geschäftsinhaber und Geschäftsführer mit sich bringen. Zu den vielen Vorteilen der Priorisierung und Delegation gehören die folgenden

Erhöhte Produktivität Sie können Ihre Produktivität steigern und in kürzerer Zeit mehr verhandeln, indem Sie sich auf Ihre wichtigsten Konditionierungen konzentrieren und andere Verbindlichkeiten zuweisen.

Reduzierter Stress und Burnout Indem Sie sicherstellen, dass Sie nicht durch Ihre Arbeitsbelastung überlastet werden, kann die Priorisierung von Aufgaben und die Zuweisung von Verbindlichkeiten dazu beitragen, Stress abzubauen und zum Zusammenbruch zu führen.

Mehr Entscheidungsfindung Indem Sie Prioritäten festlegen und Aufgaben anderen zuweisen, können Sie Gehirnraum freimachen und sich auf wichtige Entscheidungsaufgaben konzentrieren, einschließlich der Ausarbeitung von Unternehmensstrategien oder der Gewinnung neuer Gäste.

Erhöhtes Hand-Engagement Indem Sie Ihren Zugmitgliedern die Chance bieten, sich neuen Herausforderungen und Verpflichtungen zu stellen, kann die Delegation von Aufgaben dazu beitragen, das Hand-Engagement zu steigern.

Erhöhte Flexibilität Sie können Ihre Starrheit und Inflexibilität, die für die

Verwaltung von Schichtanforderungsbedingungen erforderlich sind, erhöhen, indem Sie Aufgaben delegieren und Ihre Arbeitsbelastung priorisieren. Eine effektive Zeiteinteilung durch Jobpriorisierung und Delegation von Verantwortung kann sich zusätzlich zu den oben aufgeführten Vorteilen auch auf eine bessere Kommunikation, eine bessere Work-Life-Balance und eine höhere Rentabilität auswirken.

Verbesserung der Kommunikation

Sie können die Kommunikation innerhalb Ihres Zuges oder Verbandes verbessern, indem Sie Prioritäten festlegen und Aufgaben zuweisen. Um sicherzustellen, dass alle auf dem gleichen Weg sind und die gleichen Ziele verfolgen, ist eine klare Kommunikation unerlässlich. Durch die Priorisierung von Arbeiten und die Zuweisung von Aufgaben können Sie effektiver mit Ihren Platoon-Mitgliedern interagieren und klare Anweisungen und Rückmeldungen geben, um sicherzustellen, dass Aufgaben schnell und präzise erledigt werden.

Erweiterte Work-Life-Balance

Eine bessere Work-Life-Balance kann sich auch auf effektive

Zeiteinteilungsmethoden wie Aufgabenpriorisierung und Verantwortungsdelegation auswirken. Sie können sich und Ihrem Leben mehr Zeit schenken, indem Sie sich auf Ihre wichtigsten Aufgaben konzentrieren und andere beauftragen. Sie können einen Zusammenbruch vermeiden, Ihr inneres Wohlbefinden steigern und dadurch sowohl bei der Arbeit als auch im Privatleben produktiver werden.

Erweiterte Rentabilität

Eine höhere Rentabilität kann auch durch effektive Zeiteinteilung erreicht werden, etwa durch die Priorisierung von Arbeiten und die Zuweisung von Aufgaben an andere. Sie können sicherstellen, dass Ihr Unternehmen reibungslos und effizient läuft, indem Sie sich auf Ihre wichtigsten Aufgaben konzentrieren und andere Aufgaben zuweisen. Dies kann zu Kostensenkungen, Kostensenkungen und Verbesserungen der Kundenzufriedenheit führen, die alle zu einer höheren Rentabilität führen können.

Priorisierungs- und Delegationsschwierigkeiten

Während die Festlegung von Prioritäten und die Zuweisung von Aufgaben an andere verschiedene Vorteile haben können, gibt es auch bestimmte Nachteile, die es zu berücksichtigen gilt. Dann gibt es viele typische Schwierigkeiten und Ergebnisse

Vertrauen Wenn Sie Ihren Zugmitgliedern oder Arbeitern kein volles Vertrauen entgegenbringen, kann das Delegieren von Aufgaben heikel sein. Um dies zu umgehen, bieten Sie beispielsweise Schulungen oder Unterstützung an, um Ihren Zugmitgliedern die Fähigkeiten und die Tonsicherheit zu geben, die sie benötigen, um den Auftrag erfolgreich abzuschließen.

Die Delegierungsarbeit im Mikromanagement kann heikel sein, wenn Sie es gewohnt sind, direkt in jedes Element Ihres Vereins involviert zu sein. Legen Sie im Vorfeld klare Perspektiven und Regeln fest, bieten Sie regelmäßiges Feedback und Unterstützung, um sicherzustellen, dass der Auftrag zu Ihrer Zufriedenheit erfüllt wird, und vermeiden Sie Mikromanagement.

Zeitbeschränkungen Es kann schwierig sein, Aufträge gut zu priorisieren, wenn Sie eine kurze Frist oder viele Kassen haben. Um dies zu umgehen, können Sie beispielsweise größere Konditionen in kleinere, einfacher zu handhabende Portionen aufteilen und Ihre Zeit und Ihr Budget bescheiden verwalten.

Widerstand gegen Veränderungen Das Delegieren von Verbindlichkeiten kann eine große Veränderung sein, wenn Sie es gewohnt sind, alles selbst zu machen. Fangen Sie klein an und verteilen Sie nach und nach Aufgaben, um den Widerstand gegen Veränderungen zu überwinden. Dadurch stärken Sie die Vertrauensstellung Ihres Zuges und erleichtern Ihnen die Delegation von Aufgaben.

Abschluss

Unternehmer und Unternehmensleiter müssen der Konditionierung Priorität einräumen und anderen Aufgaben zuweisen, um ihre Zeit effektiv zu verwalten. Sie können Ihre Produktivität steigern, Stress und Zusammenbrüche reduzieren und Ihre Meinungsäußerung verbessern, indem Sie Ihren wichtigsten Aufgaben Vorrang einräumen und andere Aufgaben zuweisen. Die Vorteile des Priorisierens und Delegierens machen es zu einer entscheidenden Fähigkeit, die sich jeder Unternehmer oder Unternehmensführer aneignen muss, ungeachtet der auftretenden

Schwierigkeiten. Sie können Ihre Zeit und Ihr Budget optimal nutzen, Ihre beruflichen Ziele aushandeln und Ihr Unternehmen zum Erfolg führen, indem Sie diese Methoden in die Praxis umsetzen.

Kapitel 17

Work-Life-Balance: Aufrechterhaltung Ihrer Gesundheit und Beziehungen

Unternehmer und Unternehmensleiter müssen eine gesunde Balance zwischen Privat- und Berufsleben finden. Es kann schwierig sein, ein Gleichgewicht zwischen den Anforderungen der Arbeit und einem bestimmten Leben zu finden, aber dies ist entscheidend für langfristigen Erfolg, ein gesundes Leben und solide Verbindungen. In diesem Aufsatz wird die Bedeutung der Work-Life-Balance untersucht und einige Tipps zu deren Erhaltung gegeben.

Die Notwendigkeit einer Work-Life-Balance

Die Vereinbarkeit von Beruf und Privatleben ist aus verschiedenen Gründen von entscheidender Bedeutung, unter anderem

Psychische Gesundheit Für Ihre innere Gesundheit ist die Aufrechterhaltung einer gesunden Work-Life-Balance von entscheidender Bedeutung. Stress, Angst und Zusammenbruch können die Folge einer Überschreitung oder Vernachlässigung Ihres eigenen Lebens sein. Es ist von entscheidender Bedeutung, sich Raum zum Entspannen und Erholen zu geben.

Ihre körperliche Gesundheit kann durch eine schlechte Work-Life-Balance beeinträchtigt werden. Überschreitung kann zu Müdigkeit, Schlafmangel und anderen gesundheitlichen Problemen führen. Sie können Ihre körperliche Gesundheit aufrechterhalten, indem Sie sich Zeit für Bewegung, eine nährstoffreiche Ernährung und eine gute Ernährung nehmen.

Verbindungen Der Aufbau und die Aufrechterhaltung solider Verbindungen erfordert eine gute Work-Life-Balance. Wenn Sie Ihr besonderes Leben vernachlässigen, kann dies Ihre Bindungen zu Familie und Musketieren schädigen und dazu führen, dass Sie sich allein fühlen.

Die Produktivität kann durch die Aufrechterhaltung einer gesunden Work-Life-Balance gesteigert werden, was uns zu unserem letzten Punkt bringt. Wenn

Sie ausgeruht, fit und konzentriert sind, können Sie weitere Aufgaben in kürzerer Zeit erledigen. Auf lange Sicht können Sie Ihre Produktivität steigern, wenn Sie auf sich selbst achten und Pausen einlegen.
Stile zur Wahrung der Work-Life-Balance
Obwohl es schwierig sein kann, die Work-Life-Balance aufrechtzuerhalten, gibt es mehrere Stile, die Sie anwenden können. Dann gibt es viele Ratschläge
Priorisieren Sie Ihre Zeit. Das Festlegen von Prioritäten für Ihre Zeit ist eine der wichtigsten Maßnahmen, die Sie ergreifen können, um eine gesunde Work-Life-Balance aufrechtzuerhalten. Konzentrieren Sie sich bei der Arbeit auf die wichtigsten Aufgaben und planen Sie Zeit für Ihr spezielles Leben ein. Planen Sie in Ihrem Stundenplan genau wie bei Aufgaben im Zusammenhang mit Ihrer Arbeit Zeit für sich selbst ein.
Umgekehrt ist es von entscheidender Bedeutung, Grenzen zwischen Ihrem Privat- und Berufsleben festzulegen. Nutzen Sie keine besondere Zeit, um geschäftliche E-Mails zu lesen oder geschäftliche Anrufe zu beantworten. Seien Sie in Ihrer Kommunikation mit Ihrem Zug und Ihren Mitarbeitern

transparent bezüglich Ihrer freien Stellen und Abwesenheiten.

Durch das Delegieren von Aufgaben können Sie Zeit für Ihr eigenes Leben gewinnen, indem Sie Aufgaben an Teammitglieder oder Mitarbeiter vergeben. Arbeiten Sie mit Ihrem Zug zusammen, um Aufgaben zu identifizieren, die zugewiesen werden können, und stellen Sie außerdem sicher, dass sie über das nötige Wissen und die Werkzeuge verfügen, um diese ordnungsgemäß auszuführen.

Machen Sie Pausen. Wenn Sie regelmäßig Pausen einlegen, bleiben Sie den ganzen Tag über voller Energie und konzentriert. Machen Sie einen Spaziergang, trinken Sie einen Kaffee oder verbringen Sie etwas Zeit mit tiefgründigem Lernen oder Nachdenken. Durch diese Pausen können Sie sich erfrischen und den Fokus wiedergewinnen.

Tonpflege üben Um eine gesunde Work-Life-Balance aufrechtzuerhalten, muss die Tonpflege geübt werden. Bewegung, eine ausgewogene Ernährung und stressabbauende Praktiken wie Yoga oder Kontemplation können alle in diese Reihenfolge fallen. Vergessen Sie nicht, auf sich selbst aufzupassen und sich auf eine angenehme Konditionierung einzulassen.

Stellen Sie sich vor, Sie brauchen feste Bindungen zur Familie und zu den Musketieren, um die Work-Life-Balance aufrechtzuerhalten. Nehmen Sie sich Zeit für soziale Konditionierung und versuchen Sie, die Verbindung zu den Persönlichkeiten aufrechtzuerhalten, die in Ihrem Leben von Bedeutung sind.

Nein zu sagen ist eine entscheidende Fähigkeit für eine gesunde Work-Life-Balance. Es ist respektvoll, weitere Aufgaben oder Programme abzulehnen, wenn Sie sich überfordert fühlen oder nicht die Zeit haben, sie zu erledigen. Stellen Sie die wichtigsten Aufgaben an die erste Stelle und weisen Sie auch die anderen zu.

Abschluss

Unternehmensleiter und Unternehmer müssen eine Work-Life-Balance wahren. Es ist von entscheidender Bedeutung für Ihre Verbindungen, Ihre Produktivität sowie Ihre innere und körperliche Herzlichkeit. Sie können eine gesunde Work-Life-Balance und langfristigen Erfolg in Ihrem Privat- und Berufsleben herstellen, indem Sie Ihre Zeit priorisieren, Grenzen setzen,

Verpflichtungen delegieren, Pausen einlegen, Tonpflege üben, starke Verbindungen aufbauen und lernen, Nein zu sagen.

Setzen Sie realistische Ansprüche. Eine weitere wichtige Taktik zur Wahrung der Work-Life-Balance besteht darin, realistische Ansprüche zu setzen. Berücksichtigen Sie bei Ihren Ansprüchen unbedingt sowohl Ihr persönliches als auch Ihr berufliches Leben. Bestimmen Sie, was Ihnen am wichtigsten ist, und nehmen Sie sich Zeit für diese Prioritäten. Technologie kann Ihnen bei der Vereinbarkeit von Beruf und Privatleben helfen, sie kann aber auch eine Ablenkung sein. Setzen Sie die Technologie mit Bedacht ein, um dies zu vermeiden. Legen Sie Beschränkungen für die Bildschirmzeit fest und verbieten Sie in Ihrer Freizeit die Anzeige arbeitsbezogener E-Mails oder Nachrichten, um die Technologie optimal zu nutzen.

Ausreichend Schlaf ist entscheidend für die Aufrechterhaltung einer gesunden Work-Life-Balance. Müdigkeit, geringe Produktivität und andere gesundheitliche Probleme können sich auf unzureichenden Schlaf auswirken. Um erfrischt und fit zu bleiben, versuchen Sie, jede Nacht mindestens 7 bis 8 Stunden zu schlafen.

Machen Sie regelmäßig Pausen. Um eine gesunde Work-Life-Balance zu gewährleisten, müssen Sie regelmäßig Pausen einlegen. Tatsächlich kann es bei der Gründung eines neuen Unternehmens verlockend sein, ununterbrochen zu arbeiten, aber Pausen sind wichtig, um neue Energie zu tanken und einen Zusammenbruch zu vermeiden. Planen Sie regelmäßige Pausen ein und nutzen Sie diese, um sich von der Arbeit zu lösen und sich auf Ihr besonderes Leben zu konzentrieren.

Letztendlich kann es Ihnen dabei helfen, eine gesunde Work-Life-Balance aufrechtzuerhalten, wenn Sie andere um Unterstützung bitten. Sprechen Sie Ihre Probleme mit einem Familienmitglied oder einem vertrauenswürdigen Freund aus oder denken Sie darüber nach, sich an einen Trainer oder Therapeuten zu wenden. Bei der Bewältigung der Schwierigkeiten Ihres Berufs und Ihres Privatlebens können sie Ihnen Unterstützung und Orientierung bieten.

Zusammenfassend lässt sich sagen, dass Unternehmensführer und Unternehmer eine gesunde Work-Life-Balance aufrechterhalten müssen. Sie können eine gesunde Work-Life-Balance und langfristigen Erfolg sowohl im Privat- als auch im Berufsleben erreichen, indem Sie Ihre Zeit priorisieren, Grenzen setzen, Aufgaben delegieren, Pausen einlegen, auf Ton achten, starke Verbindungen aufbauen, realistische Ansprüche setzen und Technologie nutzen mit Bedacht, ausreichend Schlaf bekommen, Urlaub machen

Zeit und Unterstützung suchen. Es ist wichtig, sich vor Augen zu halten, dass die Verbesserung der Work-Life-Balance ein Prozess ist, der eine ständige Überarbeitung erfordert, da sich Ihre Prioritäten als Person und als Arbeitnehmer im Laufe der Zeit verändern. Mit der richtigen Taktik und Unterstützung ist es jedoch möglich, eine zufriedenstellende und dauerhafte Balance zwischen Arbeit und Privatleben zu finden.

Kapitel 18

Zurückgeben: Soziale Unternehmensverantwortung und Philanthropie

Philanthropie und kommerzielle soziale Verantwortung (CSR) sind wichtige Faktoren für die Geschäftstätigkeit in der hochmodernen Welt. Unternehmen können einen heilsamen Einfluss auf ihre Gemeinschaften haben, Markentreue entwickeln und Top-Talente anziehen, indem sie der Gesellschaft und dem Umfeld Priorität einräumen. Diese Komposition wird die Vorteile von Philanthropie und kommerzieller sozialer Verantwortung sowie farbenfrohe Stile zur Durchsetzung dieser Ideen in Ihrem Unternehmen hervorheben.

Positive Güter der Philanthropie und der kommerziellen sozialen Verantwortung. Die Stärkung des Charakters ist einer der Hauptvorteile von CSR und Philanthropie. Unternehmen können das Vertrauen und die Treue von Kunden, Mitarbeitern und

Stakeholdern stärken, indem sie ihren Gemeinden etwas zurückgeben. Unternehmen können sich von der Konkurrenz abheben und ein positives Markenimage aufbauen, indem sie ihr Engagement für soziale und ökologische Belange zeigen.

Verbessertes Engagement der Mitarbeiter Ein verbessertes Engagement der Hände ist ein Vorteil kommerzieller sozialer Verantwortung und Philanthropie. Studien haben gezeigt, dass Menschen, die für ein Unternehmen arbeiten, das soziale und ökologische Belange wertschätzt, mit größerer Wahrscheinlichkeit engagiert und motiviert sind. Unternehmen können ihren Mitarbeitern Orientierung und Sinn geben, indem sie CSR und Wohltätigkeit in ihre marktfähigen Praktiken integrieren.

Die Kundentreue wird erhöht. Unternehmen, die CSR und Wohltätigkeit einen hohen Stellenwert einräumen, können die Kundentreue erhöhen. Unternehmen, die ihre Überzeugungen teilen und einen heilsamen Einfluss auf die Gesellschaft und das Umfeld haben, akzeptieren eher die Unterstützung ihrer Kunden. Unternehmen können dauerhafte Beziehungen zu ihren Gästen aufbauen, indem sie ihre Werte mit denen ihrer Zielgruppe in Einklang bringen.

Unternehmen, die CSR und Philanthropie einen hohen Stellenwert einräumen, ziehen auch eher hervorragende Arbeitskräfte an. Arbeitnehmer tendieren eher dazu, für einen Verein zu arbeiten, der soziale und ökologische Belange in den Vordergrund stellt und dessen Ansprüche über den finanziellen Erfolg hinausgehen. Unternehmen können Top-Talente binden und behalten, indem sie CSR und Wohltätigkeit in ihre marktfähigen Praktiken integrieren.

Möglichkeiten der CSR- und Philanthropie-Integration für Ihr Unternehmen

Identifizieren Sie Ihre Werte. Die Wahl Ihrer Werte ist der erste Schritt bei der Integration von CSR und Wohltätigkeit in Ihr Unternehmen. Welche Umwelt- und Sozialthemen sind für Sie und Ihr Unternehmen von Bedeutung? Sobald Sie Ihre Werte festgelegt haben, können Sie mit der Erstellung eines Aktionsplans zur Bewältigung dieser Probleme beginnen.

Eine großartige Möglichkeit, Ihrer Gemeinschaft etwas zurückzugeben und eine positive Wirkung zu erzielen, ist die Zusammenarbeit mit gemeinnützigen

Vereinen. Suchen Sie nach NGOs, deren Ansprüche und Werte mit Ihren eigenen übereinstimmen, und stellen Sie sich vor, wie Sie beide bei bestimmten Systemen oder Ereignissen zusammenarbeiten könnten. Sie könnten auch darüber nachdenken, einen Teil Ihres Einkommens einer Wohltätigkeitsorganisation zu spenden, an die Sie glauben.

Freiwilligenarbeit in Ihrer Gemeinde Durch Freiwilligenarbeit ist es möglich, Ihrer Gemeinde etwas zurückzugeben und einen positiven Einfluss auf sie zu nehmen. Ermutigen Sie Ihre Mitarbeiter, sich an der Eröffnung kommunaler oder ursprünglicher gemeinnütziger Dienste zu beteiligen, und denken Sie über die Planung unternehmensweiter Abgabetage nach.

Reduzieren Sie Ihren ökologischen Fußabdruck. Ein weiteres zentrales Element der CSR ist die Einbeziehung nachhaltiger Geschäftspraktiken. Suchen Sie nach Maßnahmen, um Ihre Auswirkungen auf das Gelände zu verringern, z. B. durch die Durchsetzung umweltfreundlicher Verkehrsregeln Weniger Abfall und Nutzung erneuerbarer Energiequellen.

Vielfalt und Integration unterstützen Ein weiteres zentrales Element von CSR ist die Unterstützung von Vielfalt und Inklusion. Erwägen Sie die Förderung von Diversitäts- und Ergänzungsschulungen, die Bildung von Affinitätsgruppen und die Unterstützung von Ressourcengruppen als Strategien zur Förderung einer vielfältigeren und integrativeren Anlage.

Fördern Sie Handspenden, indem Sie bezahlte Freizeit für ehrenamtliche Tätigkeiten gewähren oder Spenden an gemeinnützige Vereine verdoppeln. Dies kann Ihre Treue zu sozialen und ökologischen Themen zeigen und Ihrem Unternehmen dabei helfen, eine Kultur des Gebens zu fördern.

Letztendlich kann die Integration von CSR und Philanthropie in Ihr Unternehmen einen positiven Einfluss auf Ihre Nachbarschaft haben, die Kundentreue erhöhen, die Arbeitsmoral steigern, Top-Geschenke anziehen und Ihren Charakter stärken. Sie können ein nachhaltigeres und gebührenorientierteres Unternehmen schaffen, indem Sie Ihre Grundsätze definieren, sich mit gemeinnützigen Organisationen zusammenschließen, sich ehrenamtlich in Ihrer Gemeinde engagieren, Ihre

Auswirkungen auf die Umwelt verringern, Vielfalt und Ergänzung fördern und Handspenden fördern. Bedenken Sie, dass es nicht nur ethisch vertretbar ist, anderen zu helfen, sondern dass es sich auch langfristig positiv auf Ihre Finanzen auswirken kann.

Nachfolgend finden Sie neue Tipps zur Integration von CSR und Wohltätigkeit in Ihr Unternehmen. Machen Sie Ihre Kraftkette sozial und ökologisch verantwortlich, indem Sie diese Faktoren berücksichtigen. Arbeiten Sie mit Lieferanten zusammen, die großen Wert auf ethische und nachhaltige Praktiken legen, und planen Sie die Einführung von Programmen und Richtlinien für Ihre Lieferanten, um sicherzustellen, dass sie Ihren Umwelt- und Sozialnormen entsprechen.

Messen und berichten Sie über Ihre Auswirkungen. Die Verfolgung Ihrer Entwicklung und die Information der Stakeholder über Ihre Erfolge können durch die Messung und Berichterstattung über Ihre sozialen und ökologischen Auswirkungen erleichtert werden. Um Ihren Erfolg zu sichern, sollten Sie Maßnahmen wie Kohlenstoffemissionen,

Müllreduzierung und Gemeinschaftseffekte nutzen.

Integrieren Sie CSR und Philanthropie in die Kultur Ihres Unternehmens. Geben Sie Ihren Mitarbeitern ein Gefühl von Sinn und Zweck, indem Sie CSR und Wohltätigkeit in Ihre Geschäftskultur integrieren. Erwägen Sie die Organisation unternehmensweiter Konditionierungen oder Systeme, die Ihre Werte widerspiegeln, und bringen Sie stets Ihre Unterstützung für soziale und ökologische Belange zum Ausdruck.

Seien Sie transparent und authentisch. Es ist von entscheidender Bedeutung, transparent und authentisch zu sein, wenn Sie CSR und Philanthropie in Ihr Unternehmen integrieren. Nehmen Sie nicht einfach an diesen Konditionierungen teil, um Ihren Charakter zu verbessern. Bemühen Sie sich ernsthaft, soziale und ökologische Herausforderungen anzugehen, und seien Sie ehrlich und offen, wenn Sie Ihre Überzeugungen und Ziele beschreiben an Ihre Stakeholder.

Sie können ein flexibleres und gebührenorientierteres Unternehmen schaffen, indem Sie diese Taktiken in Ihrem Unternehmen durchsetzen.

Vergessen Sie nicht, dass die Hilfe für andere nicht nur eine moralische Pflicht ist, sondern auf lange Sicht auch für Ihr Unternehmen profitabel sein kann. Sie können einen treuen Kundenstamm aufbauen, ein großartiges Geschenk machen und einen heilsamen Einfluss auf Ihre Nachbarschaft und die Welt ausüben, indem Sie sozialen und ökologischen Belangen den Vorrang geben.

Kapitel 19

Bereiten Sie sich auf die Zukunft vor: Erstellen Sie Ihre Ausstiegsstrategie

Unternehmer müssen über die Zukunft ihres Unternehmens nachdenken; einschließlich wie und wann sie abreisen möchten. Ganz gleich, ob Sie in den Ruhestand gehen, ein neues Unternehmen gründen oder einfach nur Geld auszahlen möchten: Die Entwicklung einer Ausstiegsstrategie kann Ihnen dabei helfen, einen reibungslosen Übergang zu gewährleisten, wenn die Zeit gekommen ist, Ihr Unternehmen zu verlassen. In diesem Aufsatz werden die wesentlichen Grundlagen für die Entwicklung einer erfolgreichen Ausstiegsstrategie untersucht.

Die Festlegung Ihrer Ansprüche ist der erste Schritt bei der Entwicklung einer Ausstiegsstrategie. Versuchen Sie, den Wert Ihres Unternehmens zu steigern? Machen Sie sich Sorgen um die Zukunft

Ihres Unternehmens? Legen Sie Wert darauf, Ihre Familie zu unterstützen? Indem Sie Ihre Ansprüche definieren, können Sie die stilvollste Vorgehensweise für Ihre Abschiedsstrategie wählen.

Identifizieren Sie implizite Abgangsstrategien. Es gibt mehrere implizite Abgangsstrategien, die Sie in Betracht ziehen müssen, z. B. den Verkauf Ihres Unternehmens an einen Dritten, die Gewährung von Eigenkapital an Arbeitnehmer oder Familienmitglieder oder den Börsengang. Überlegen Sie, welches System am besten zu Ihren Objekten passt, denn jedes hat seine eigenen Vor- und Nachteile.

Ermitteln Sie den Wert Ihres Unternehmens. Sie müssen den Wert Ihres Unternehmens ermitteln, um sich auf einen erfolgreichen Ausstieg vorzubereiten. Dies kann durch die Durchführung einer Bewertungsanalyse erreicht werden, die Grundlagen wie die finanzielle Leistung Ihres Unternehmens, Nachfragetrends und Fleißtrends berücksichtigt.

Bereiten Sie Ihr Geschäft auf den Handel vor Wenn Sie beabsichtigen, Ihr Geschäft zu verkaufen, ist es wichtig, dies so schnell wie möglich zu tun. Dadurch können Sie Ihre Finanzberichterstattung verbessern, Ihre Geschäftsprozesse optimieren und Ihren Kundenkreis erweitern. Um Ihnen den Dealprozess zu erleichtern, sollten Sie auch über die Beauftragung eines Maklers oder Anwalts nachdenken.

Erstellen Sie einen Rennplan. Es ist wichtig, einen Rennplan zu erstellen, wenn Sie beabsichtigen, die Macht Ihres Unternehmens an Familienmitglieder oder Mitarbeiter zu übergeben. Dies sollte die Auswahl geeigneter Reserven, deren Vorbereitung für die Übernahme Ihrer Verbindlichkeiten und die Festlegung einer Frist für die Stromübertragung umfassen.

Schützen Sie Ihr Unternehmen Es ist wichtig, Ihr Unternehmen vor impliziten Fallstricken zu schützen, wenn Sie sich auf den Ruhestand vorbereiten. Um sicherzustellen, dass Ihre Interessen gewahrt bleiben, kann dies die Überarbeitung Ihrer rechtlichen Dokumente, wie z. B. Ihrer Aktionärsvereinbarung oder Betriebsvereinbarung, erfordern. Vielleicht möchten Sie auch über den Abschluss einer Versicherung nachdenken, um sich vor etwaigen Verbindlichkeiten zu schützen.

Zu guter Letzt ist es wichtig, wichtige Stakeholder zuzulassen; Einschließlich Arbeiter, Gäste und Investoren, wissen Sie über Ihre Abschiedsstrategien Bescheid. Dadurch wird ein reibungsloser Übergang gewährleistet und mögliche Verwerfungen im Unternehmen abgemildert.

Dies wird Ihnen dabei helfen, eine Ausstiegsstrategie zu entwickeln, die Ihnen bei der Verhandlung Ihrer Ziele hilft und einen reibungslosen Übergang gewährleistet, wenn es an der Zeit ist, Ihr Unternehmen zu verkaufen. Denken Sie jetzt über Ihre Abschiedsstrategie nach, denn es ist nie zu früh, mit der Planung für die Zukunft zu beginnen.

Nachfolgend finden Sie aktuelle Informationen zu den einzelnen Prozessen, die bei der Erstellung einer erfolgreichen Ausstiegsstrategie eine Rolle spielen.

Die optimale Vorgehensweise für Ihre Exit-Strategie hängt davon ab, wie einfach Sie Ihre Ansprüche definieren. Wenn Sie beispielsweise den Wert Ihres Unternehmens maximieren möchten, könnten Sie sich auf die Verbesserung

Ihrer wirtschaftlichen Leistung und die Erweiterung Ihres Kundenkreises konzentrieren. Wenn Sie sich über das Erbe Ihres Vereins Sorgen machen, kann es Ihr Hauptziel sein, einen Käufer zu finden, der Ihre Überzeugungen und Visionen für die Einrichtung teilt. Vielleicht möchten Sie darüber nachdenken, einem Familienmitglied die Macht über das Unternehmen zu übertragen, wenn Sie sich Sorgen um die Einrichtung Ihrer Familie machen.

Identifizieren Sie mögliche Ausstiegsstile. Es gibt mehrere mögliche Ausstiegsstile, die Sie in Betracht ziehen können, jeder mit seinen eigenen Vor- und Nachteilen. Ein beliebter Ausstiegsplan besteht darin, Ihr Unternehmen an einen Dritten zu verkaufen, da Sie eine gute Rendite für Ihre Investition erzielen können. Eine andere Möglichkeit besteht darin, Familienmitgliedern oder Mitarbeitern die Macht über das Unternehmen zu übertragen, was dazu beitragen kann, dessen langfristige Rentabilität sicherzustellen. Obwohl der Gang an die Börse eine kompliziertere Entscheidung ist, verschafft er Ihnen möglicherweise weniger Rückhalt und Aufmerksamkeit.

Ermitteln Sie den Wert Ihres Unternehmens. Sie müssen den Wert Ihres Unternehmens ermitteln, um sich auf einen erfolgreichen Ausstieg vorzubereiten. Dies kann durch die Durchführung einer Bewertungsanalyse erreicht werden, die Grundlagen wie die finanzielle Leistung Ihres Unternehmens, Nachfragetrends und Fleißtrends berücksichtigt. Eine gute Bewertung kann dazu beitragen, dass Sie für Ihr Unternehmen einen fairen Preis erhalten. Bereiten Sie Ihr Geschäft auf den Handel vor Wenn Sie beabsichtigen, Ihr Geschäft zu verkaufen, ist es wichtig, dies so schnell wie möglich zu tun. Dazu kann die Verbesserung Ihrer Finanzberichterstattung, die Optimierung Ihrer Geschäftsprozesse und die Erweiterung Ihres Kundenkreises gehören. Um Ihnen bei der Navigation durch den Geschäftsprozess zu helfen, sollten Sie auch über die Beauftragung eines Maklers oder Beraters nachdenken. Es ist wichtig, potenziellen Gästen gegenüber offen und ehrlich über die Vor- und Nachteile Ihres Unternehmens zu sprechen.

Erstellen Sie einen Rennplan. Es ist wichtig, einen Geschäftsplan zu erstellen, wenn Sie beabsichtigen, die Macht Ihres Unternehmens an Familienmitglieder oder Mitarbeiter zu übergeben. Dies sollte die Auswahl geeigneter Reserven, deren Vorbereitung für die Übernahme Ihrer Verbindlichkeiten und die Festlegung einer Frist für die Stromübertragung umfassen. Um eine reibungslose Machtübertragung zu gewährleisten, sollten Sie auch über den Abschluss einer Steal-Sell-Vereinbarung nachdenken.

Schützen Sie Ihr Unternehmen Es ist wichtig, Ihr Unternehmen vor impliziten Fallstricken zu schützen, wenn Sie sich auf den Ruhestand vorbereiten. Um sicherzustellen, dass Ihre Interessen gewahrt bleiben, kann dies die Überarbeitung Ihrer rechtlichen Dokumente, wie z. B. Ihrer Aktionärsvereinbarung oder Betriebsvereinbarung, erfordern.

Vielleicht möchten Sie auch über den Abschluss einer Versicherung nachdenken, um sich vor etwaigen Verbindlichkeiten zu schützen.

Zu guter Letzt ist es wichtig, wichtige Stakeholder zuzulassen; Einschließlich Arbeiter, Gäste und Investoren, wissen Sie über Ihre Abschiedsstrategien Bescheid. Dadurch wird ein reibungsloser Übergang gewährleistet und mögliche Verwerfungen im Unternehmen abgemildert. Es ist wichtig, dass Sie Ihre Behauptungen offen und ehrlich äußern und so viele wichtige Informationen wie möglich über die Zukunft des Unternehmens erhalten.

Die Entwicklung einer effektiven Exit-Strategie erfordert Zeit und Arbeit, ist aber für den langfristigen Erfolg Ihres Unternehmens von entscheidender Bedeutung. Wenn es an der Zeit ist, Ihr Unternehmen zu verlassen, können Sie einen reibungslosen Übergang gewährleisten, indem Sie Ihre Ansprüche definieren, implizite Ausstiegsstrategien festlegen, den Wert Ihres Unternehmens ermitteln, Ihr Unternehmen auf den Handel vorbereiten, einen Rennplan entwickeln, Ihr Unternehmen schützen und Ihre Pläne mitteilen entscheidende Stakeholder.

Kapitel 20

Lessons Learned: Überlegungen und Erkenntnisse erfolgreicher Unternehmer

Für angehende und aktuelle Unternehmer kann es eine unschätzbare Wissensquelle sein, aus den Fehleinschätzungen und Erfolgen großer Unternehmer zu lernen. Dann gibt es einige Hinweise und Ratschläge von wohlhabenden Geschäftsleuten

Kontinuität zahlt sich aus: Kontinuität ist eine der aktuellsten Eigenschaften erfolgreicher Unternehmer. Wenn sie mit Hindernissen oder Misserfolgen konfrontiert werden, geben sie nicht auf; Vielmehr bewegen sie sich weiter vorwärts. Elon Musk beispielsweise, der Erfinder von SpaceX und Tesla, musste zahlreiche Fehleinschätzungen und Verluste hinnehmen, bevor er mit diesen Unternehmen Erfolg hatte.

Misserfolge akzeptieren Während es üblich ist, Misserfolge als eine schlechte

Sache wahrzunehmen, sehen erfolgreiche Geschäftsleute darin eine Gelegenheit, sich zu verbessern. Sie verstehen, dass Scheitern ein normaler Teil des Geschäftsweges ist und nutzen es als Sprungbrett für künftigen Erfolg. Der Gründer von Amazon, Jeff Bezos, hat beispielsweise erklärt, dass „Misserfolge und Erfindungen dicke Seiten sind".

Erfolgreiche Geschäftsleute geben sich viel Mühe, Probleme zu lösen und den Ansprüchen ihrer Gäste gerecht zu werden. Sie erkennen Probleme und entwickeln originelle Lösungen, um sie zu beheben. Zum Beispiel gründete Sara Blakely, die Gründerin von Spanx, ihr Unternehmen aufgrund eines Problems, das Frauen bei der Verwendung herkömmlicher Unterwäsche immer wieder beobachten.

Abbildung Starke Brigaden Erfolgreiche Geschäftsleute erkennen, dass sie nicht alles alleine bewältigen können und umgeben sich daher mit starken Brigaden. Sie arbeiten zusammen, um ihre Ziele auszuhandeln, nachdem sie brillante Leute mit gegenseitigen Fähigkeiten eingestellt haben. Mit den Worten von Mark Zuckerberg, dem Gründer von Facebook: „Das Wichtigste,

was Unternehmer tun sollten, ist, gute Leute auszuwählen, mit denen sie zusammenarbeiten."
Behalten Sie Ihre Unflexibilität bei. Erfolgreiche Geschäftsleute sind bereit, sich zu gewöhnen und bei Bedarf den Kurs zu ändern. Sie passen ihre Strategie an, weil sich das Geschäftsumfeld ständig ändert. Der Autor von Alibaba, Jack Ma, bemerkte beispielsweise früher: „Sie sollten von Ihrem Rivalen lernen, aber sie sind nicht ununterscheidbar. Kopieren ist der Tod."
Gehen Sie Risiken mit Bedacht ein. Erfolgreiche Geschäftsleute sind zwar bereit, Risiken einzugehen, tun dies jedoch mit Vorsicht. Bevor sie eine Wahl treffen, wägen sie die Fallstricke und Preise im Verhältnis zueinander ab. Als beispielsweise Steve Jobs, der Mitbegründer von Apple, beschloss, das iPhone zu produzieren, ging er eine Drohung ein, die sich jedoch ohne Umschweife auszahlte.
Konzentriert bleiben Erfolgreiche Geschäftsleute lassen sich nicht von attraktiven Objekten oder schnellen Einnahmen ablenken, indem sie sich weiterhin auf ihre Objekte konzentrieren. Sie haben eine klare Vorstellung davon,

wohin sie wollen, und bleiben damit verheiratet. Bill Gates, Mitbegründer von Microsoft, sagte einmal: „Es ist in Ordnung, Erfolge zu feiern, aber es ist wichtiger, die Lehren aus Misserfolgen zu ziehen."

Nonstop-Alphabetisierung Erfolgreiche Geschäftsleute haben Angst vor ihrer Unwissenheit und suchen mühsam nach neuen Informationen und Strategien. Um ihr Wissen zu erweitern und ihre Neigungen zu verbessern, lesen sie, besuchen Konferenzen und suchen nach Mentoren. Zur Veranschaulichung: Der Medienmogul Napoleon Oprah Winfrey behauptete früher: „Bildung ist der Schlüssel zur Entfesselung der Welt, ein Pass zur Freiheit."

Behalten Sie Ihre Leidenschaft bei Erfolgreiche Geschäftsleute sind begeistert von dem, was sie tun, und glauben fest an den Wert der von ihnen angebotenen Waren oder Dienstleistungen. Sie setzen sich dafür ein, einen positiven Einfluss auf die Welt zu haben, und sind von einem Sinn fürs Ziel motiviert. Richard Branson, Autor der Virgin Group, sagt dazu: „Wenn Sie leidenschaftlich und begeistert von einem Produkt sind, ist es wahrscheinlicher,

dass Sie Zeit und Mühe investieren, um es zum Erfolg zu führen."
Zusammenfassend lässt sich sagen, dass der Erwerb von Wissen von großartigen Geschäftsleuten einfühlsame Ratschläge und Aufgaben bieten kann, die Ihre unternehmerische Reise lenken können. Die Eigenschaften erfolgreicher Unternehmer können als Wegweiser für den Erfolg im Unternehmen und im Leben dienen, von Beharrlichkeit und der Akzeptanz von Misserfolgen bis hin zur Beharrlichkeit bei der Lösung von Problemen und dem Aufbau starker Brigaden.